Brujeres

Destapa tu fuerza interior,
transforma tu mundo
y crea tu camino de brujer

Brujeres

Destapa tu fuerza interior,
transforma tu mundo
y crea tu camino de brujer

Celia Domínguez

Rocaeditorial

© 2021, Celia Domínguez

Primera edición: mayo de 2021

Ilustración de portada: © Daniela Efe

© de esta edición: 2021, Roca Editorial de Libros, S.L.
Av. Marquès de l'Argentera, 17, pral.
08003 Barcelona
actualidad@rocaeditorial.com
www.rocalibros.com

Impreso por Egedsa

ISBN: 978-84-17968-13-7
Depósito legal: B 6097-2021
Código IBIC: VXWT

RE68137

A todas las brujeres de mi vida.

Y a Dídac.

Sumario

De brujer a brujer

Este libro *no* va a cambiar tu vida. Tampoco lo pretende. En estas páginas intento hacer lo contrario de lo que prometen muchos libros sobre espiritualidad, desarrollo personal y autoayuda, o sea, venderte la moto de que todo va a cambiar rápidamente y que con solo realizar unos ejercicios tendrás la vida resuelta. Cuando abres un nuevo libro, con ese olor a páginas frescas y grandes promesas, puede que te llenes de entusiasmo visceral. Extraordinarias revelaciones te esperan, los cambios se avecinan, las mentalidades se revolucionan… Pero somos humanos, y pensar que un libro te puede cambiar la vida puede ser tan peligroso como irrealista. Vivimos en un momento donde las promesas de inmediatez se presentan con grandes hipérboles basadas en herramientas de *marketing*. Cuando lees un libro con tales esperanzas y nada cambia, corres el riesgo de sentirte peor que cuando lo empezaste a leer.

Un libro puede iniciar un cambio de paradigma en tu vida; puede, incluso, ser el portal para un antes y un después. Yo misma tengo una larga lista de este tipo de libros: *El poder del ahora*, de Eckart Tolle; *Mujeres que corren con los lobos*, de Clarissa Pinkola Estés; *Frágil: El poder de la vulnerabilidad*, de Brené Brown y muchos otros me ayudaron a abrir nuevas vías en mi vida y, después de años y mucho trabajo por mi parte, contribuyeron a cambios vitales que aún estoy digiriendo. He releído la gran mayoría de estos libros y a menudo he sentido que, aunque en su momento fueron mis mejores maestros, años después ya no me parecen tan reveladores o incluso relevantes.

Soy consciente de que esta explicación es mucho menos sexi que si empezara este capítulo con un rotundo: «Si lees este libro, no volverás a ser la misma», «Lo que te voy a explicar aquí es el secreto mejor guardado de la magia» o incluso: «Si lees este libro, no volverás a tener problemas con el amor o el dinero». Por experiencia y observación, mi axioma es que tu vida solo la puedes cambiar tú; los maestros de estos libros son humanos que usan palabras y conceptos siempre teñidos por sus propias experiencias y bagaje cultural. Es más, un libro acaba, y tu trabajo para cambiar las cosas comienza. Cuanto más aprendes, más ahondas, más capas quitas, más tesoros descubres. Y, por esa razón, *Brujeres* solo pretende ser un compañero, una ayuda, en tu caza de esos tesoros personales.

En él intento evitar las grandes afirmaciones hiperbólicas y me baso en recuerdos, observaciones, experiencias y sus consecuentes pequeñas y grandes epifanías. Lo he escrito pensando en gente a la que quiero. Y también pienso en ti, lectora, porque, aunque no te conozco, te imagino leyendo mis palabras, esperando que en ellas puedas encontrarte.

Este libro es para ti, sin importar tu edad, género o identidad, tampoco tu situación económica o el tiempo libre que tengas. Mis palabras son tuyas si, simplemente, sientes la llamada de la brujer. Y si no te identificas con lo femenino, *Brujeres* puede ayudarte a entender y apoyar a las brujeres de tu vida.

Brujeres, como concepto y como libro, surge de la necesidad de unir y simplificar prácticas de desarrollo personal, espiritual y magia, y quiere ayudarte a crear tus propios métodos, hábitos y tradiciones. Con la palabra «brujer» intento conciliar lo místico asociado a la bruja con lo terrenal, lo mundano, de la mujer. Transformando lo ordinario en extraordinario y lo extraordinario en ordinario, *Brujeres* quiere recuperar y redefinir la palabra «bruja», mostrando así que todas somos capaces de llevar a cabo prácticas espirituales que, lejos de hacernos sentir inadecuadas, nos empoderan.

El origen de la palabra «bruja» es misterioso. Se cree que en su forma primitiva se escribía con x (como «*bruixa*», en catalán o «*bruxa*», en gallego) y podría derivar de alguna de las lenguas prerromanas, como el íbero o el celta; si bien es difícil demostrar que el término provenga de culturas que existieron hace milenios cuando el texto más antiguo donde aparece es del siglo XIII. Otros creen que proviene del egipcio antiguo y significa «mujer empoderada o sabia». Aunque este origen etimológico tiene más de leyenda que de realidad, me gusta tomarlo prestado y jugar con él, porque una de las misiones principales de *Brujeres* es crear espacio para tu empoderamiento; un empoderamiento hecho a tu manera, a tu ritmo y simplemente porque sí. Este libro es un instrumento que intenta transmutar el estigma asociado a la palabra «bruja» y crear un nuevo léxico propio y saludable para el alma.

Ahora es el momento de que, entre todas, descubramos y compartamos nuestra magia, ya que en el mundo actual vemos crecer movimientos en defensa de lo ecológico y de lo femenino, pero también un ascenso del racismo, la misoginia, la transfobia y una serie interminable de sistemas y creencias basadas en la otredad. En Occidente —donde vivo y escribo—, la caza de brujas acabó y las mujeres hemos conseguido libertades personales que eran tan solo impensables hace unas décadas, pero, al mismo tiempo, todas sufrimos cada vez más las devastadoras consecuencias de muchas de las pandemias de la vida moderna como la infelicidad, el estrés y la ansiedad. Entre todas estas paradojas ha surgido un nuevo espacio para lo místico y lo esotérico. Está llegando la hora de que las brujas y las brujeres salgan del armario de lo místico y se conviertan, como dijo Gandhi, en el cambio que quieren ver en el mundo.

La necesidad de vivir de forma más sana en cuerpo, mente y espíritu nos ha llevado a muchas occidentales a explorar un sinfín de disciplinas, muchas procedentes de otras culturas y adaptadas con diferentes grados de respeto por sus orígenes. Algunas, como el yoga, la meditación o la astrología, encontraron su lugar en la cultura popular occidental hace décadas, pero, en los últimos años, también ha crecido la curiosidad por prácticas que tan solo habían sobrevivido de forma clandestina. Hablo de artes y creencias que podrían atribuirse a la brujería, tales como el Tarot, la alquimia y varios tipos de chamanismo y animismo. Actualmente, estas enseñanzas están siendo adoptadas por gentes de todo tipo y prosperan, mayoritariamente, bajo la gran etiqueta del bienestar y el desarrollo personal. Es en este contexto de luces y sombras, contradicciones y polémicas, donde la palabra «bruja» está pasando —poco a poco y no sin timidez— de ser un insulto a representar de nuevo lo que significaba en sus orígenes: la mujer sanadora, la maestra y la guía.

No todo se ha hecho en nombre del bienestar. *Influencers* y empresas de todo tipo no han resistido la tentación de capitalizar estas nuevas —aunque ancestrales— tendencias: pantalones de yoga de marca, retiros espirituales en hoteles de ensueño y cursos *online* que prometen cambiar tu vida y tu fortuna bombardeando a cualquiera que tenga un mínimo de curiosidad por lo mágico y lo espiritual. No hay nada malo en ir a retiros, en vender o comprar pantalones de calidad para hacer yoga, y no soy de las que reniega de las redes sociales, que tanto me han enseñado. Pero la sobrecarga de información, el materialismo espiritual y la sobreexposición a momentos perfectos en vidas ajenas pueden acabar alienando a cualquiera. Solo hay que pensar en esas imágenes de tipas jóvenes y delgadas, en playas paradisíacas y haciendo poses de yoga que partirían en dos a cualquiera. A veces, estas imágenes motivan, nos muestran aquello a lo que aspiramos y nos impelen a intentarlo, pero también nos pueden hacer sentir que ni nuestros cuerpos ni nuestras cuentas bancarias están a la altura de las vidas que anhelamos.

¿Puede una mileurista acceder a ese estilo de vida sin tener que dejarse una pasta en el intento? Es la pregunta que me hacía cuando soñaba con tener una vida mínimamente parecida a la de muchas mujeres que leía en blogs o seguía en Instagram. Comparada con la de ellas, mi vida a veces me parecía rutinaria, cutre y sin interés. Aun así, no me rendí en mi búsqueda de lo numinoso. Pero, como muchas otras brujeres en Occidente, estaba huérfana de mentoras y ancestras. No tenía una tradición en la que basarme, una maestra de la que aprender o una tía abuela curandera a la que acudir. Así que opté por crearme mi propio camino: leía todos los libros sobre espiritualidad que podía comprar e intentaba absorber todo lo que estaba a mi alcance. Pedí becas para ampliar mis conocimientos sobre el tema y me puse en contacto con gente a la que admiraba; si me hacían caso, los bombardeaba a preguntas. Sin dinero ni mucho tiempo fui acumulando conocimiento, experiencias y amistades. Empecé a meditar en el tren, a hacer yoga en el parque durante descansos del trabajo, a escribir microentradas en mi diario en ratitos de cinco minutos mientras mi hijo desayunaba. La gran mayoría de estas acciones no eran glamurosas ni instragrameables, eran, simplemente, el pan espiritual de cada día: en el curro, en mi casa, entre ropa para doblar y juguetes por recoger.

Una parte de mí fantaseaba con que todos mis esfuerzos se tradujeran en un futuro cercano en seguidores, colaboraciones y dinero. Monté un negocio para enseñar Tarot como herramienta de crecimiento personal. Luché para tirar adelante ese proyecto mientras criaba a un hijo, mantenía mi trabajo en un museo y llevaba una casa. Mantuve el negocio hasta romperme el corazón y la espalda, pero aprendí muchísimo y fue durante ese proceso cuando tuve la idea para este libro. La inspiración llegó, gradualmente y sin darme cuenta, cuando mi misión principal pasó a ser la de transmitir a otras mujeres los métodos y recursos que había ido acumulando. La motivación de *Brujeres* es mostrar cómo todas tenemos acceso a transformar nuestras vidas con capacidades, accesorios y espacios que están a nuestro alcance. Sin necesidad de invertir un dinero del que no disponemos, sin agotarnos mientras intentamos tener una vida menos agotadora.

Hay un principio alquímico que reza «como es arriba, es abajo; como es adentro, es afuera» y, de la misma manera, cualquier cambio empieza con nosotras, en nuestro interior, sin presiones, porque este no es un proceso lineal y jamás lo será: es un camino lleno de subidas y bajadas, es una sinergia constante entre personas y una abertura a todo tipo de experiencias, buenas y malas, propias y ajenas. Y, por supuesto, cualquier transformación es una elección personal, nadie te puede empujar a ella. Pero cuando creemos que lo personal está ligado a lo global, la palabra «bienestar» cobra un nuevo sentido. Con cada brujer que decide tomar su legítimo sitio en el mundo, algo cambia en su entorno: se crea una onda expansiva que desmorona antiguos paradigmas, abre nuevos horizontes e inspira a otras mujeres a iniciar su propio proceso de transformación.

Al final de cada capítulo encontrarás un pequeño ejercicio que te ayudará a poner en práctica algunos de los consejos mencionados o a crear tus propios hábitos y rituales. La gran mayoría de estos ejercicios son sencillos y fáciles de hacer. Se trata de prácticas que he incorporado a mi vida a lo largo de los años y que me han ayudado tanto en momentos de crisis como de crecimiento. Recomiendo que leas las explicaciones, porque en ellas he añadido anécdotas e información interesante, pero no empieces los ejercicios hasta que estés preparada. Muchos libros de crecimiento personal te dan tantas instrucciones que muchas veces los acabamos dejando por falta de tiempo o ganas. El estilo de vida que propugna *Brujeres* tiene la intención de que no demos nada por sentado, pretende distanciarnos de la idea de que en un texto, en un mentor o en una filosofía encontraremos la verdad absoluta y todo lo que necesitamos. *Brujeres* no te va a exigir nada, tú eliges si quieres probar, adaptar o ignorar cualquiera de las prácticas presentes en estas páginas. Te invito a que te tomes los ejercicios de este libro como simples herramientas para probar algo nuevo, con curiosidad y, sí, también con una saludable dosis de escepticismo. Tal y como yo la entiendo, la brujer es una tipa poderosa tan conectada con su intuición como versada en el empirismo. Prueba diferentes cosas, sin grandes expectativas y sin prisas. En www.brujeres.net/libro encontrarás una biblioteca de recursos, meditaciones, plantillas, etc., diseñados para complementar este libro.

Brujeres no pretende saberlo todo o darte lecciones, sino que intenta incitarte a que reflexiones sobre tus propias experiencias e inicies los cambios que deseas en tu vida. Si algo he aprendido en los últimos años es que cada persona aprende y evoluciona a su propio ritmo. Mi viaje por el mundo de la brujer no tiene por qué ser parecido al tuyo. Tu manera de entender conceptos como «satisfacción», «empoderamiento», «magia» o «espiritualidad» es tuya y solo tuya. Y si no tienes una idea concreta de hacia dónde te diriges, no te preocupes, *Brujeres* te puede ayudar a redefinir conceptos y visualizar metas.

En definitiva, este libro es una colección de consejos y relatos personales, contados con mucho cariño, como aquellos compartidos antaño ante la lumbre. De brujer a brujer, espero que lo disfrutes y te animo a que tú también compartas tus historias para que, todas juntas, nos convirtamos en las ancestras que nunca tuvimos.

Aclaraciones brujeriles

Sobre brujas y brujeres...

¿Por qué hablo de «brujer» cuando podría decir «bruja»? Para mí la brujer es cualquier persona identificada con lo femenino que desea explorar lo mágico y espiritual y adaptarlo a su vida sin dogmas o normas estrictas. Las brujas, en cambio, fueron y son mujeres practicantes y transmisoras de tradiciones esotéricas, medicinales y terapéuticas. Durante generaciones, estas mujeres han conservado el legado de diferentes tipos de conocimiento, desde lo cercano y natural —como el conocimiento de las plantas y sus aplicaciones curativas o la lectura del vuelo de los pajarillos— a lo más metafísico y cósmico —como el movimiento de los planetas y su influencia en los humanos—. Muchas brujas nunca trataron con lo esotérico, eran médicas que trabajaban basándose en su conocimiento empírico, su experiencia y las enseñanzas de sus maestras. Otras brujas se dedicaban a adivinar la fortuna leyendo cartas, líneas en las manos u hojas de té. Muchas eran las guardianas de los ciclos naturales, oficiosas de ceremonias y facilitadoras de ritos de paso. Algunas de estas mujeres estaban educadas dentro de los parámetros sociales de una comunidad organizada, otras vivían de forma marginal. También podías encontrar brujas que se reunían en grupos llamados «aquelarres», o, por el contrario, las que trabajaban en solitario. La gran mayoría de las brujas eran mujeres independientes y profesionales, que utilizaban sus conocimientos y habilidades para ganarse la vida. La bruja se encuentra de una forma u otra en todas las culturas. En mi Europa natal podían ser cristianas, paganas o gitanas. Mujeres casadas o solteras, jóvenes o ancianas. Y algunas brujas no eran brujas, simplemente su comunidad decidió, por una razón u otra, llamarlas así. Lo que todas estas mujeres tienen en común no solo es su denominación, sino que también, en los últimos cinco siglos, el hecho de que su mera existencia podía llevarlas, como mínimo, a la exclusión social y, como último término, a la hoguera.

Aunque las brujas han existido bajo diferentes formas y nombres desde tiempos inmemoriales, la caza de brujas en Europa no se implantó con fuerza hasta los siglos xv y el xvi, extendiéndose hasta el xviii y, en algunos casos, incluso hasta el xix. La humillación, la tortura, la violación, el ahogamiento y la hoguera fueron el destino de un número incierto que oscila entre las cuarenta mil y las cien mil mujeres —también algunos hombres, en mucho menor número— acusadas de brujería. La investigadora Silvia Federici, autora de *Calibán y la bruja* y *Witches, Witchhunts and Women*, nos recuerda cómo en Europa no hay un solo día para conmemorar tal vergonzoso episodio de nuestra historia colectiva y honrar a sus víctimas. Sus libros y artículos presentan una interesante y necesaria lectura de la caza de brujas en el contexto del ascenso del capitalismo:

La caza de brujas ahondó las divisiones entre mujeres y hombres, inculcó a los hombres el miedo al poder de las mujeres y destruyó un universo de prácticas, creencias y sujetos sociales cuya existen-

cia era incompatible con la disciplina del trabajo capitalista, redefi-
niendo así los principales elementos de reproducción social.

Silvia Federici,
*Calibán y la bruja: mujeres,
cuerpo y acumulación primitiva*

Cuando estudié la historia de la brujería y su persecución, me
encontré con artículos que se centraban en desmentir las teorías
de expertos, como la historiadora alemana Mathilde Ludendorff,
que en 1934 defendía que las víctimas de la caza de brujas podían
haber ascendido a nueve millones. Dichos artículos, escritos para
hacer honor al rigor historiográfico, parecen querer olvidar que
cuando nos concentramos en argumentar el número de víctimas,
no solo estamos minimizando el destino de las que perecieron,
sino también el horror y el miedo bajo el que vivieron generaciones de mujeres. Asesinadas o no, la caza de brujas fue algo con
lo que tuvieron que convivir millones de mujeres y sus familias
durante siglos. Hablamos del terror a ser acusadas de brujería y
su consecuente humillación pública y la excomunión, sin olvidar
las familias y amistades rotas por tales acusaciones. Es más, Federici señala que en países como la República Central Africana,
Tanzania, la India, Nepal, Papúa Nueva Guinea y Arabia Sau-
dí hay mujeres que aún son acusadas, detenidas e incluso asesinadas por brujería. El miedo a ser diferentes o a ser perseguidas
se ha inculcado en nuestra memoria cultural, social y celular de
una u otra forma hasta nuestros días.

Usar la palabra «bruja» fuera del marco del insulto puede ser
una acción positiva y revolucionaria. Autodenominarse «bruja»
es lícito y una opción personal que debe ser respetada y, en ocasiones, celebrada. Pero, al mismo tiempo, hay que recordar que la

palabra «bruja», lejos de ser tomada a la ligera, viene cargada con el peso de siglos de sufrimiento, misoginia e ignorancia.

En mi léxico personal y mi práctica profesional, el crear y reivindicar el híbrido «brujer» surge en contraposición al uso indiscriminado que se hace en redes sociales, a través de *hashtags*, no solo de la palabra «bruja» sino también de otras como «*gypsy*» (gitana) o «nómada». Estos nombres definen pueblos y culturas que han sido a menudo marginados e incluso perseguidos con brutalidad. Todas hemos pecado de utilizar a la ligera nombres, prácticas y objetos de los que no conocemos el origen, y ello ha contribuido a la mercantilización de las tradiciones que esos nombres, prácticas y objetos representan. Y errar es de sabios, pero corregir lo es más. Por tanto, es cuestión de encontrar un equilibrio. Mientras que por un lado creo que todas podemos inspirarnos en tradiciones ancestrales, que bien utilizadas pueden ser increíblemente estimulantes, también creo que debemos ir con cuidado cuando nos apropiamos de tales culturas simplemente porque molan. Por tanto, «brujer» me parecía un término perfecto y ecuánime para encapsular lo que para mí es una mujer empoderada, mágica, moderna, práctica, creativa, abierta, espiritual y única. Un término que honra la memoria histórica de las brujas, pero que facilita el empoderamiento de cada mujer en su propia personalidad.

Y sí, una puede ser brujer y bruja a la vez. Pero este libro no habla de cómo hacerse bruja, sino de cómo adaptar tradiciones milenarias a la vida cotidiana. Del mismo modo que alguien que se compra un gorro tubular no puede considerarse directamente chef, muchas de las disciplinas de la brujería requieren años de estudio y dedicación, no se trata simplemente de comprar cuatro cristales y montarse un altar. Si estás particularmente interesada en la brujería, puedes encontrar algunas guías y en los últimos años se han publicado libros extraordinarios. Uno de mis preferidos es *Cómo ser una bruja moderna*, de Gabriela Herstik.

Por último, quiero recordaros que este libro y las ideas y prácticas que en él expongo se basan en mi experiencia personal; en ningún momento pretendo sustituir la opinión de expertos, especialmente médicos o terapeutas.

Sobre el Tarot…

Los temas de cada capítulo se inspiran en los arquetipos del Tarot, más concretamente en la arcana mayor. Esta es un conjunto de veintidós cartas que de forma simbólica nos muestran las grandes transformaciones por las que todas pasamos en la vida. Cuando hablo de transformación me refiero a procesos experimentados por el individuo que suceden como respuesta a sucesos externos o necesidades internas, y cuya consecuencia son cambios en nuestra identidad, en nuestra forma de hacer las cosas o de ver el mundo.

Una de mis mayores influencias ha sido el eminente y controvertido psiquiatra y psicólogo suizo Carl Gustav Jung, quien entendía el Tarot como una forma de trabajar con arquetipos. En los sistemas jungianos, cada carta nos proporciona una ventana a nuestro inconsciente. Aunque Jung creía que el futuro se podía predecir, yo no creo que esté escrito, ni que se pueda leer con toda certeza. El arte de leer el Tarot es como el de la vida: una mezcla de caos, sincronicidad —término también acuñado por Jung— y voluntad personal. Si el futuro se pudiera saber con toda claridad, ¿de qué nos serviría? Puede que una pitonisa te diga cuándo vas a conocer a tu marido, pero de poco te va a servir poseer tal conocimiento si resulta que acabas casada con un gilipollas. Saber el futuro no te asegura la felicidad. En realidad, nada te la asegura. La felicidad y la plenitud son sensaciones huidizas y cambiantes. Puedes levantarte una mañana y sentirte genial, pero luego pasa cualquier imprevisto en el trabajo o donde sea y el día se te estropea, y el hastío vital te invade. Ninguna de las dos situaciones define la globalidad de tu existencia. La vida está llena de momentos de todo tipo, y como se dice en la famosa Oración de Serenidad utilizada en Alcohólicos Anónimos, atribuida al teólogo Reinhold Niebuhr: «Dios, concédeme la serenidad para aceptar las cosas que no puedo cambiar, el valor para cambiar las cosas que puedo, y la sabiduría para reconocer la diferencia». Aquí la palabra «Dios» la puedes substituir por «universo», «vida», «diosa» o lo que a ti te guste más. Lo importante es entender que, más que buscar la felicidad, lo que podemos buscar es el querernos, el empoderarnos y el fortalecernos para, pase lo que pase, estar preparadas para lo que nos eche la vida. Y el Tarot puede ser una de las herramientas que te ayuden a ello. Para mí el Tarot es una práctica del presente, no del futuro, un espacio que reclamamos en el que la intuición, la autoexploración psicológica y emocional, la imaginación y la conexión de energías se aúnan para que podamos tener una conversación sincera con nosotras mismas. De esa forma, el Tarot se convierte en un instrumento meditativo y de higiene emocional, nos ancla en el ahora y nos permite parar de darle vueltas a la cabeza y examinar con honestidad nuestro estado interior y nuestra vida en toda su plenitud. Puede que creas fervientemente en el Tarot y en los mensajes del más allá, o, por el contrario, lo veas como una simple herramienta de psicoanálisis, algo así como un test de Rorschach —el método de psicodiagnóstico que utiliza manchas de tinta— de andar por casa. Sea como fuere, el Tarot, entendido como exploración personal, puede convertirse en un recurso increíble para nuestro bienestar.

Claro que, como muchas otras herramientas de la brujería, el Tarot no ha estado exento de usos negligentes por parte de algunos de los profesionales que lo practican. Solo entre gente que conozco, más de media docena han tenido malas experiencias con lecturas de Tarot. Pensar que podemos entrever nuestro futuro proporciona un tipo de subidón muy particular que la mayoría hemos sentido alguna vez. Incluso personas de lo más escépticas sienten cierta curiosidad cuando les digo que practico el arte del Tarot y no pueden evitar preguntarme detalles sobre ello. Es parte de la naturaleza humana, todos vivimos vidas que pueden cambiar en cualquier instante, nos despertamos todos los días con la incertidumbre de no saber exactamente lo que va a pasar. Sentir que tenemos cierto control sobre nuestro futuro es un lujo que para muchos puede ser adictivo; la creencia de que este está escrito es peligrosa y puede ser muy dañina. El Tarot, como cualquier otro recurso basado en la intuición y la interpretación subjetiva, no puede ni debería ser utilizado como sustituto al consejo médico, legal o fiscal. Tampoco puede ser interpretado literalmente. Por ejemplo, la carta de la muerte habla sobre las transformaciones de nuestra identidad, no hace referencia a muertes literales. Las imágenes en las cartas se componen de símbolos esotéricos y religiosos, de arquetipos que resumen conocimientos metafísicos.

Independientemente de lo que yo diga, si tú crees fervientemente en usar el Tarot mayoritariamente como herramienta de adivinación del futuro, estás en todo tu derecho. Solo pido que lo hagas con consciencia, sentido común, compasión y responsabilidad. Si lees para otros, acuérdate de explicarles el proceso, no les asegures nada y, sobre todo, empodérales para que sepan que, pase lo que pase, ellos tienen el control sobre sus decisiones.

Equivalencia de los capítulos del libro con las cartas del Tarot

El Tarot comprende dos segmentos conocidos como «arcanas» o «arcanos», término que significa «conocimientos secretos». La arcana mayor son 22 cartas que hablan de grandes transformaciones vitales, y la arcana menor 56 cartas, cuyos 4 palos —copas, bastos, oros y espadas— nos ayudan a responder a las circunstancias cotidianas provocadas por los grandes temas tratados en la arcana mayor. En estas páginas viajaremos juntas por capítulos basados en los arquetipos utilizados en el Tarot.

La arcana mayor nos cuenta una historia simbólica y representa un proceso, también conocido como «el viaje del loco» o «el viaje del héroe». Este empiezan por El Loco (la carta 0) y acaba con El Mundo (carta 21). El Loco es la carta número cero porque, además de simbolizar nuevos comienzos, también es el arquetipo que representa a la persona que está utilizando el Tarot. Es una encarnación del individuo que pasa por todos los temas de la arcana mayor. Esta odisea nos muestra los cambios por los que todas pasamos en la vida, por ejemplo cuando aprendemos a querernos, a perdonar, a crecer, a aceptarnos…, procesos que son tan únicos a la experiencia personal como relevantes para el imaginario universal. Estos arquetipos no solo se encuentran en el Tarot, también los podemos encontrar en la literatura, el arte y el folklore.

Las cartas de la arcana mayor a las que hago referencia a lo largo de este libro serán descritas enfatizando los símbolos y aspectos visuales de relevancia para cada capítulo. Mi Tarot de referencia es el Smith-Waite (también conocido como Raider-Waite). Hay que tener en cuenta que no todas las versiones del Tarot son iguales, pues aunque este, tal y como lo conocemos, seguramente se inventó y empezó a utilizar como juego de cartas en la Italia del siglo xv, son las revisiones más modernas las que hoy en día se consideran clásicos. El Tarot Smith-Waite, de 1910, y el Thot Tarot, de 1944, son las barajas en las que se inspiran la gran mayoría de las nuevas interpretaciones del Tarot que se producen hoy en día. Las cartas a las que yo hago referencia en el libro son las del Smith-Waite y todas sus descendientes, que son muchísimas. Hoy en día la gran variedad de barajas publicadas hace las delicias de aquellas usuarias con alma de coleccionista, y muchas artistas y expertas en Tarot se han puesto manos a la obra para crear nuevas interpretaciones que huyen del imaginario clásico, tan occidental, binario, blanco y heteronormativo. Sin tener que buscar mucho, puedes encontrar barajas hechas por mujeres, muchas autopublicadas, que nos muestran cómo los arquetipos del Tarot pueden y deben mostrar todo tipos de etnias, cuerpos, géneros y sexualidades.

Los capítulos de *Brujeres* están más basados en la energía arquetípica representada en las cartas que en las cartas en sí. Cada imagen representada en el Tarot es como un portal a un tema de sabiduría espiritual; una fase por la que pasamos, una lección o experiencia humana. Es como si cada carta fuera el sello de un tipo de energía diferente con el que todos los seres humanos tenemos que lidiar o del que tenemos que aprender. Por tanto, este libro no es un manual para aprender Tarot, sino que se inspira en su compendio de sabiduría. No es necesario creer en él; es más, ni siquiera tienes por qué saber leerlo ni te tiene que gustar.

Como el Tarot en el que me inspiro es la baraja Smith-Waite, me baso en su imaginario, composición y también sistema para mencionar las cartas. Así pues, el capítulo de «La brujer y el coraje» equivale a la carta conocida como La Fuerza, la número 8 de la arcana mayor. El capítulo «La brujer justa» se relaciona con la carta llamada La Justicia, la número 11. En otras barajas estas cartas aparecen intercambiadas; es decir, La Justicia es la número 8 y La Fuerza es la número 11. Ambas formas de enumerar me parecen correctas, pero siempre me decanto por trabajar con el sistema Smith-Waite.

Así pues, cada capítulo tiene una carta de la arcana mayor como fuente de inspiración. Los capítulos siguen el orden de las cartas, así que, en este libro, el simbólico «viaje del héroe» se convierte en el «viaje de la brujer».

ÍNDICE DE EQUIVALENCIAS

(Los números romanos son los números de cada carta)

Primera parte

Segunda parte

Tercera parte

La brujer y el abismo

Nunca dejaremos de explorar
Y el final de las exploraciones
Será llegar adonde comenzamos
Para conocer por primera vez el lugar.

T. S. ELIOT
Cuatro Cuartetos

¿Estás preparada para saltar?

Son las cinco de la mañana de un viernes de 2017 y estoy a punto de lanzar mi página web. Tiene que ser hoy y no otro día porque quiero que este acontecimiento coincida con el cumpleaños de mi hijo. Él nació en septiembre, y ese mes es para mí el de los nuevos comienzos. No hablo solo de empezar el colegio. Fue en un septiembre de 2007 cuando me fui a estudiar a China y en uno de 2009 cuando me mudé a Bristol. En el de 2012 me convertí en madre. Así pues, septiembre, con su energía de vientos frescos y hojas caídas, me parece la fecha idónea para lanzar la web y saltar al vacío, iniciando un negocio que me asusta tanto como, al mismo tiempo, me hace sentir viva.

La creatividad que requiere montar un negocio me recuerda a la de escribir. Había algo en mí que echaba de menos apuntar fervientemente notas en una libreta o irme a la ducha y quedarme más tiempo del previsto bajo el chorro de agua porque había tenido una gran idea que necesitaba saborear. Pero no tenía un libro en mí para escribir, solo una novela a medias —o eso creía yo—, así que embarcarme en un negocio me pareció una segunda mejor opción.

Pero no solo me movía el deseo de ser creativa, también tenía que ganar más dinero. Bristol se había puesto de moda y había empezado a desahuciar a todos aquellos que no pudieran pagarse la subida de los precios de alquiler y compra. Además, deseaba explorar oportunidades que tal vez me permitieran dejar mi trabajo y dedicarme casi exclusivamente a escribir. Sueños que me estaban insuflando energía durante uno de los años más difíciles de mi vida. Dramas familiares y corazones rotos habían hecho de 2017 el *annus horribilis* de mi historia personal.

Entre tantos acontecimientos que me hacían sentir fuera de control necesitaba algo que aportara esperanza a mi vida.

No hay luz que no tenga sombras y viceversa, ese año llegué a tocar fondo, pero también entreví bellísimas alturas. Fue en esa época cuando decidí no dejar de explorar lo que significaba la magia e intentar encarnarla a mi manera. Fue entonces cuando surgió la idea para este libro y, en definitiva, cuando algo proveniente de mi fuero interno me agarró para no soltarme, empecé a entender de verdad lo que quería decir convertirse en brujer.

La carta de El Loco, representa nuevos comienzos. Para quien no conozca bien el Tarot, el nombre de esta carta parece esconder algo ominoso o bien algo insultante. Pero aquellos que estudian el Tarot y lo utilizan como herramienta de crecimiento —y no como arma para intentar adivinar el futuro— saben que los arquetipos de las cartas están por encima de clasificaciones en términos de «bueno» o «malo». Las cartas son un compendio de sabiduría que recrea experiencias humanas que se saben, o se creen, universales.

Encarnamos la energía de la carta El Loco cada vez que, queriendo o sin querer, nos embarcamos en una nueva aventura —sea esta una relación, un trabajo, tener un hijo, leer o escribir un libro— de la que tal vez podamos intuir el destino, pero de la que no podemos prever todo lo que nos llegaremos a encontrar.

Así que, si tenemos suerte y nos damos permiso para saltar al vacío, pasaremos fases, aprenderemos lecciones, viajaremos al otro lado de nuestros miedos y, como dice T. S. Eliot, acabaremos allá donde empezamos, pero con más grados de sabiduría, un entender más maduro de nuestra esencia y una visión más enriquecida de nosotras mismas. Preparadas para volver a empezar una nueva fase.

Como El Loco, la brujer también es una exploradora que sabe reconocer que —sin importar nuestra edad, estado o lo asustadas que podamos estar— la vida está llena de aventuras, ríos que cruzar, abismos que saltar y puentes que construir. Y para reunir el coraje requerido para pegar tales saltos vitales se necesita una buena dosis de inocencia, entusiasmo, valentía y, en resumen, locura.

Sea un éxito o un fracaso, cada nuevo proyecto abre un sinfín de posibilidades imprevisibles y esa quisquillosa certeza que nos augura que ya no seremos las mismas. Ya no leo el Tarot profesionalmente, y hoy en día estoy más centrada en ser mentora y *coach*. Lanzar un negocio de Tarot fue un gran salto, uno de los muchos que me trajeron hasta aquí. Piensa en cada nuevo ciclo, empresa o relación que hayas experimentado. Estos procesos nos llevaron a ser las brujeres que, sintiendo la llamada poderosa del abismo, respiraron hondo y empezaron algo nuevo. En estos momentos, y lejos de sentirnos invencibles, nos vemos expuestas y vulnerables, pero también tenemos la oportunidad de encontrar en nosotras mismas una tímida fortaleza al saber que hemos plantado la semilla de un nuevo ciclo. Y así, años más tarde, soy la brujer que de nuevo está delante de una pantalla de ordenador, esta vez para escribir un libro. Este libro no solo relata mi viaje, sino que intenta acompañar e inspirar el tuyo, o, como mínimo, te ofrece un nuevo camino de baldosas amarillas para que lo puedas seguir con curiosidad, valentía y mucho sentido del humor. Así que, te lo pregunto de nuevo: ¿estás preparada para saltar?

PRIMERA PARTE

¿Qué es una brujer?

La brujer es magia encarnada. Un estado mental
y una actitud corporal.

La brujer es amiga de esa voz que susurra
desde sus entrañas.

La brujer sabe recibir abundancia con su sonrisa
de harpía y sus sueños de doncella.

La brujer abre los brazos sin complejos
y sin excusas y dice: aquí estoy yo.

La brujer busca, investiga y cuestiona su tradición.

La brujer tal vez no sepa querer del todo,
pero acepta que todo su ser merece ser bien querido.

La brujer tiene voluntad de tirar del carro
con todo su poderío y mucha ilusión.

Y quiere ir más allá, siempre más allá.

La brujer y la magia

Pues la magia efectiva es naturaleza trascendida.

MARY ANNE EVANS,
conocida como GEORGE ELIOT,
Middlemarch

Si bien hay muchas aventuras que elegimos nosotras, otras muchas nos escogen y, sin comerlo ni beberlo, nos vemos arrastradas por un camino lleno de curvas y baches. Toma como ejemplo a famosas brujeres de ficción, como Alicia, la del País de las Maravillas; o Dorothy, la de *El mago de Oz*, todas ellas protagonistas de aventuras de épicas proporciones sobre el inicio de las cuales no tuvieron ningún control. De Alicia sabemos que se mete en una madriguera de conejo sin saber que se está tirando de cabeza al centro de la tierra y la pobre Dorothy se ve arrastrada por un huracán. Las historias de Alicia y Dorothy se resuelven con ese genial, aunque gastado, argumento del despertar de un sueño, pero ambas regresan de sus periplos transformadas: Alicia, menos mimada y más valiente, y Dorothy, valorando un hogar que antes la hastiaba.

En la tradición grecorromana encontramos la historia de Perséfone, la hija de Deméter —diosa de la agricultura y la fertilidad—, quien es secuestrada por Hades, el dios de la muerte y rey del inframundo. Una de las versiones de este mito explica que Deméter se volvió loca buscando a su hija; por ello se olvidó de cuidar de las cosechas y, en consecuencia, los humanos empezaron a perecer. La situación llegó a tal punto que Zeus tuvo que interceder, pero para entonces ya fue demasiado tarde: Perséfone había comido un fruto del infierno y, según una antigua norma de los dioses, todo aquel que comía alimento del inframundo tenía que permanecer en él para siempre. Hades le había dado a Perséfone cinco semillas de granada para asegurarse de que el destino de su secuestrada estuviera sellado a su lado. Aunque no había vuelta atrás, los dioses involucrados en la cuestión llegaron a un acuerdo: Perséfone pasaría cinco meses, uno por semilla, en el infierno con Hades, y los otros meses los pasaría en la tierra con su madre. El tiempo que la chica vive en el inframundo corresponde a los meses otoñales e invernales, durante los cuales la tierra no da fruto porque Deméter está triste y echa a su hija de menos. La otra parte del año, cuando las dos están juntas, la felicidad de la diosa se traduce en la fertilidad de la tierra, el tiempo de crecimiento y recolecta. En el mito, Perséfone sufre un terrible destino, obligada a vivir con su secuestrador y a esperar el momento en el que se pueda reunir con su madre. Desde un punto de vista simbólico, este arquetipo de diosa-doncella debe pasar tiempo en el territorio más oscuro y tortuoso, al mismo tiempo que su castigo la convierte en una poderosa alegoría de la muerte y la regeneración.

Asimismo, los mitos de la cultura popular a menudo insinúan algo que toda mujer debe aprender tarde o temprano: que no se puede, ni se debería, tener todo bajo control. Brujeres de todo tipo y edades han sido soñadoras que querían saber lo que había más allá del arcoíris o tras los pasos de un conejo blanco, y a veces se la han pegado intentando llegar ahí. Es más, no hay brujer que se precie que no lleve en su mochila una colección de aventuras desastrosas en forma de trozos de corazón, propios y ajenos. La brujer acumula *souvenirs* de viajes al inframundo y al paraíso, muchas veces sin poder distinguir de qué lado proceden cada uno de ellos. Yo no elegí convertirme en madre soltera, por ejemplo, y en ocasiones este viajecito me ha arrastrado a confrontar mis propias profundidades. Por eso hablamos de saltar al vacío; nunca sabremos qué nos vamos a encontrar al llegar al fondo del abismo y, una de cada mil veces, nos sorprendemos a nosotras mismas cuando en lugar de chocar contra el temido suelo echamos a volar.

Así que, aunque a menudo no nos demos cuenta, hay muchas cosas que sí están bajo nuestro control. Seguro que has oído alguna vez ese dicho que reza «no puedes controlar lo que te pasa, pero sí cómo respondes a ello». Cuando entendemos ese concepto y absorbemos el poder que en él reside, iniciamos el camino de la magia. Nuestras habilidades, lecciones acumuladas, creatividad, fuerza, comprensión y amor son capacidades forjadas a base de experiencias —y palos— que nos pueden ayudar a transformarnos y, en consecuencia, a cambiar nuestra visión del mundo y la relación que tenemos con él. Ese es el magnetismo especial que exudan las personas que han descendido a los infiernos, que han sobrevivido a miles de ellos, aprendiendo de cada uno de esos viajes. Es la magia que emana, que supura por los poros de la piel de aquellas que escogen una y otra vez el amor propio por encima del miedo.

La brujer sabe que la magia también reside en lo feo, lo incómodo y lo triste y que, a veces, esa magia se le escapa a una entre los dedos como agua de manantial. Claro que también sabe que volverá, porque la brujer ha aprendido que la suerte y la abundancia no siempre están disponibles, pero sus capacidades, esos poderes que ha aprehendido a lo largo del camino, no se van a ningún sitio. Su amor, su fuerza y otras muchas habilidades están a su disposición siempre que las quiera utilizar. Eso me dijo mi madre un día que yo sollozaba desconsolada en medio de una crisis; había pasado por el típico desengaño amoroso de veinteañera, y además estaba desconsolada por no tener trabajo. Estar desempleada en plena crisis económica era la evidencia de un futuro condenado a la inestabilidad. En ese momento de desazón creí con certeza —más bien mi ego me hizo creer— que yo no tenía nada; más aún, que yo no era nada. Mi madre me escuchó con paciencia y me hizo ver, con pasión y sin remilgos, que me equivocaba. «Nadie te va a quitar todo lo que has aprendido. Ni tu experiencia, ni tu educación. Siempre las tendrás y siempre te servirán para salir adelante», me dijo mientras yo lloraba como una niña pequeña.

Aun así, en ocasiones me olvido de esas palabras. Sobre todo cuando me encuentro con un reto que me supera, un trauma del pasado que me agarra o, simplemente, estoy demasiado agotada para acordarme de creer en mis propias habilidades. En momentos como ese intento acordarme de escuchar la canción «Ain't got No, I've Got Life» («No tengo… Tengo vida»), magníficamente interpretada por la grandiosa Nina Simone y escrita por los autores del musical *Hair*. Te recomiendo que pares de leer, busques la canción y la escuches. Con cariño, si puede ser. Saboréala con los ojos cerrados. Baila si te sale de tus adentros. Si te apetece, llora sin excusas ni vergüenza. Lo que quieras. Aquí va la letra de la canción traducida, que se puede recitar como mantra bajo la ducha o en cualquier momento mundano que tú elijas convertir en mágico:

No tengo casa, ni zapatos	*Ain't got no home, ain't got no shoes*
Ni dinero, ni estilo	*Ain't got no money, ain't got no class*
No tengo amigos, ni educación	*Ain't got no friends, ain't got no schooling*
No tengo qué ponerme, ni trabajo	*Ain't got no wear, ain't got no job*
No tengo dinero, ni casa	*Ain't got no money, no place to stay*
No tengo padre, no tengo madre	*Ain't got no father, ain't got no mother*
No tengo hijos, ni tengo hermanas	*Ain't got no children, ain't got no sisters above*
No tengo tierra, no tengo fe	*Ain't got no earth, ain't got no faith*
No tengo un don, no tengo Dios	*Ain't got no touch, ain't got no god*
No tengo amor	*Ain't got no love*
No tengo vino, ni cigarrillos	*Ain't got no wine, no cigarettes*
No tengo ropa, ni país	*Ain't got no clothes, no country*
Ni estilo, ni educación	*No class, no schooling*
Ni amigos, ni nada	*No friends, no nothing*
No tengo Dios	*Ain't got no god*
No tengo más	*Ain't got one more*
No tengo tierra, ¿no?	*Ain't got no earth, no?*
Ni comida, ni casa	*No food, no home*
He dicho que no tengo ropa	*I said I ain't got no clothes*
Ni trabajo, ni nada	*No job, no nothing*
No me queda mucha vida	*Ain't got long to live*
Y no tengo amor	*And I ain't got no love*
¿Qué es lo que tengo?	*But what have I got?*
Déjame que te lo diga	*Let me tell ya what I've got*
Pues nadie puede quitármelo	*That nobody's gonna take away*
Tengo mi pelo, mi cabeza	*I got my hair on my head*
Mi cerebro y mis orejas	*I got my brains, I got my ears*
Mis ojos y mi nariz	*I got my eyes, I got my nose*
Mi boca y mi sonrisa	*I dot my mouth, I got my smile*
Tengo mi lengua, y mi barbilla	*I got my tongue, I got my chin*
Mi cuello y mis tetas	*I got my neck, I got my boobies*
Mi corazón y mi alma	*I got my heart, I got my soul*
Mi espalda y mi sexo	*I got my back, I got my sex*
Mis brazos y mis manos	*I got my arms, I got my hands*
Mis dedos y mis piernas	*I got my fingers, got my legs*
Mis pies y mi dedo gordo	*I got my feet, I got my toes*
Mi hígado y mi sangre	*I got my liver, got my blood*
Tengo mi vida, tengo mi vida.	*Got life, I got my life*

Fuente: LyricFind. **Autores:** Galt MacDermot / Gerome Ragni / James Rado

Esta letra deviene un ritual poderoso, una fórmula mágica para recordarte que no va a venir ningún hada madrina para concederte deseos o un príncipe alelado que, a base de besos y promesas vacías, te despierte de una vida soporífera. Las brujeres durmientes se despiertan solas. Las brujeres creen: «La magia soy yo. Y yo soy la magia». Repítelo hasta la saciedad, hasta que el lemita en cuestión te parezca menos cursi. Repítelo hasta que parezca que lo estás diciendo al revés. Repítelo hasta que pierda el sentido para que después vuelva a tenerlo. Repítelo hasta que te rindas y pierdas la voluntad de no creerte el lema.

En mi experiencia, la magia es energía creada a base de atención y no solo se encuentra en rituales donde se quema palosanto y se recitan palabras ininteligibles y molonas. Tampoco consiste en tener un «don» y en explotarlo. La magia nos enseña lo que somos capaces de materializar en el mundo cuando creemos en nosotras mismas. Esos hilos invisibles entre una idea y su resultado forjan el tejido de la magia. La magia no es finalidad, sino que es proceso, desarrollo, camino. Un territorio mojado por esa lluvia que llena de inspiración nuestras vidas. Su ingrediente principal es el amor propio, su expresión primordial la creatividad y su herramienta la concentración.

Quemar hierbas, recitar hechizos, dibujar mandalas y bailar desnuda alrededor de una hoguera puede estar muy bien, siempre y cuando se haga con conocimiento, instinto y ganas. Los rituales, altares y demás no dejan de ser diferentes formas de crear esa necesaria unión entre intención y atención, un punto esencial para dirigir nuestra magia a un foco concreto. No obstante, si ninguna de estas prácticas son lo tuyo, no pasa nada, no por ello vas a ser menos brujer. Todas somos brujeres en desarrollo. La brujer en su apogeo la encontramos en la cola del súper, en el metro, en la universidad o en Tinder.

La brujer no necesita haber creado un mundo perfecto, repleto de viajes a retiros espirituales que prometen el cielo, pero te cuestan un ojo de la cara y medio infierno.

Una canción, una plegaria, un dicho repetido entre dientes, una carta de amor o una lista de la compra pueden convertirse en conjuros cargados de energía mágica. Creamos o no en ella, la gran mayoría de nosotras atribuimos a la magia el mítico poder de cambiar nuestro entorno. Esa fantasía normalmente incluye una varita que hace desaparecer lo que no nos gusta, nos convierte en más fuertes o poderosas y, por arte de magia, recrea en el plano material lo que tanto ansiamos tener. Lo leemos en los libros y los vemos en las películas de Hollywood: se ha construido una narrativa colectiva donde la magia no solo proporciona una solución rápida a todos nuestros problemas, sino que, además, a aquellos que poseen «magia» se les otorgan los méritos de los elegidos. Es decir, si poseo el don de la magia quiere decir que soy especial, y si soy especial, mi sitio en este mundo está justificado e incluso exaltado. Creer en la magia como un poder sobrenatural que ofrece una solución fácil y milagrosa es similar a la veneración que sentimos por los superhéroes y sus superpoderes, o por los santos. Y con esta veneración nos precipitamos por el resbaladizo terreno de la mística de lo «especial», arrolladas por los miedos y las esperanzas de nuestros egos.

La magia no es algo externo y especial; es la piedra filosofal de lo interno y lo personal. Si esperas que la magia venga a ti sin hacer ningún tipo de trabajo personal, tendrás que aguardar mucho tiempo; y, a menudo, aquello que consideras un regalo caído de los cielos se convierte en una patada en el estómago.

Cuando aprendes a familiarizarte con la magia de lo cotidiano ya no hay vuelta atrás, no podrás seguir esperando un milagro porque sabes que las castañas del fuego primordial de tus jodiendas solo te las puedes sacar tú. La brujer es la alquimista, voluntaria e involuntaria, que sabe que la magia no es ver el futuro, conjurar un boleto de la lotería ganador o evitar la caída de sus tetas. La magia es una energía que se cultiva y que apoya las acciones honestas y auténticas. Por eso cuando pienso en la magia me acuerdo de la autobiografía de Elizabeth Gilbert, *Come, reza, ama*, donde se narra esta broma:

> Hay un chiste italiano buenísimo acerca de un hombre pobre que va al templo todos los días a rezarle a un santo. Reza a la estatua: «Querido Santo, por favor, por favor, por favor déjame ganar la lotería». Al final, la estatua desesperada cobra vida, baja la mirada y le dice al hombre: «Hijo mío, por favor, por favor, por favor, compra un billete». Ahora entiendo el chiste y tengo tres billetes.

En la gran mayoría de los casos, la magia más poderosa se activa a partir de una elección personal consciente; una motivación que te lleva a vivir la vida bajo una actitud de confianza en ti misma, de comerte el mundo. Te hablo de ese impulso que tantas veces has utilizado para superar obstáculos y que hemos aprendido a encauzar hacia lo que queremos. Como brujeres, nos dejamos de memeces y nos apartamos conscientemente de aquella especie de versión glamurosa de la magia a lo *Sexo en Nueva York*, donde se nos vende que aquellas que utilicen herramientas mágicas y espirituales deben ser perfectas, siempre rodeadas de aparatejos mágicos varios. Tu realidad como brujer no es tan glamurosa, cierto, pero es mil veces más divertida y manejable.

Hacemos lo que podemos. La magia no es perfecta, como nos

han querido vender. Y nosotras estamos llenas de contradicciones. Elegir la magia como camino propio es aceptar que somos complejas, que no siempre lo hacemos bien y que por ello estamos llenas de energía transformadora y de riquezas del alma.

Cuando el patriarcado se hace dueño y señor de una tradición espiritual o mágica, esta se convierte en un sistema exclusivo, rígido, jerárquico, dogmático, excesivamente solemne y a veces incluso opresor. Es en estos sistemas en los que algunos poseen «dones», «secretos» y «conocimientos» que los demás deben admirar, seguir y acatar. Cuando trabajamos la espiritualidad desde ese punto de partida, la individualidad se ve amenazada y la imperfección se convierte en pecado. Entender la magia y la espiritualidad de una forma diferente, aprender formas que nos facilitan crecer sin tener que supeditarnos a otros, es una revolución que cada brujer está llevando a cabo.

La magia no es dogma ni se puede resumir en un axioma, más bien se podría definir como una vibración que se articula en el lenguaje de la intuición y la imaginación. Sí, entiendo que estas afirmaciones puede que despierten tu lado más cínico, pero intentar demostrar que la magia existe es como exigir que se cree una fórmula matemática para entender el amor. Casi todo ser humano sabe o ha experimentado lo que es el amor, pero no es algo que se pueda mesurar, pesar o cuantificar. Aun así, seguramente te estés preguntando: «¿Puedo encontrar y sentir la magia? ¿Es cierto que yo poseo algo intangible y que medio mundo se ha encargado de hacernos creer que no existe y el otro medio nos dice que, para encontrarlo, tenemos que ser especiales? ¿Puede cualquier mujer encarnar a la brujer que lleva dentro desde el salón de su casa, en la parada del metro, en casa de los suegros o mientras hace las prácticas para sacarse el carnet de conducir? ¿Es posible encontrar la magia en un piso de alquiler atestado de compañeros ruidosos? ¿Tenemos derecho a explorar los caminos de lo abundante y lo esotérico aquellas mujeres que estamos agotadas y que no tenemos un duro?». La respuesta es un sí, un sí rotundo y desvergonzado.

• EJERCICIOS •

En tu cuaderno brujeril o en un trozo de papel escribe al menos tres situaciones de tu pasado que hayan sido difíciles o incluso te hagan sentir avergonzada en el momento en el que las recuerdas. Por ejemplo:

- ¿Por qué me enrollé con tal persona sabiendo que no me haría ningún bien?
- ¿Por qué me he pasado años estudiando una carrera que ni me va ni me viene?

Piensa que todas las experiencias que hayas anotado también te han enseñado sobre la vida, sobre aquellos que te rodean y sobre tus valores y límites. Al lado de cada situación escribe tres cosas que aprendiste como consecuencia de lo vivido. Fuera una situación que viniera a ti o una a la que te tiraste de cabeza, a veces es bueno mirar hacia atrás para celebrar lo recorrido y sobrevivido. Elige bien los recuerdos; si te decides por algo demasiado doloroso, no dudes en buscar ayuda si la necesitas. También puedes escoger un recuerdo más sencillo, que contenga menos carga emocional. Date permiso para sentirte protagonista de tu propia historia y mirar hacia delante con la actitud de una heroína más que de una víctima. Porque es muy probable que, si has podido con esas experiencias, vayas a poder con todo lo que te echen.

————————• •————————

La brujer y la intuición

> Cuanto más profundamente te adentras en tu propia experiencia, tu propio viaje, más posibilidades tienes de dar con lo universal.
>
> Sue Monk Kidd,
> entrevista en el *podcast*
> de Brené Brown *Unlocking Us*

Estoy en la consulta de Sally, una experta de lo que llaman «terapias de regresión a vidas pasadas». Es nuestra segunda cita y aún no hemos hecho ningún viaje a mi pasado, ni siquiera un leve avistamiento de una vida anterior o un recuerdo de infancia. Todo lo que hemos hecho ha sido charlar sobre algunos aspectos de mi vida. Es 2016 y no tengo dinero, y mucho menos para gastarlo en terapias alternativas, pero desde que leí *Muchas vidas, muchos maestros*, del doctor Brian Weiss, quería probar una de esas curiosas regresiones. En ese libro el autor describe las experiencias de sus pacientes durante sesiones de hipnosis regresiva. El patrón siempre es el mismo: alguien con una dolencia de origen desconocido se somete a una sesión de hipnosis que lo lleva, mentalmente, al momento en que se originó tal trauma. Según

Weiss, al revivir la experiencia y entender de dónde venía el trauma, los pacientes se curaban. Encontré el libro durante una visita a la casa de mis padres y lo devoré en pocos días con una mezcla de fascinación y aprensión; la segunda, porque en cada una de las historias contadas en el libro los pacientes revivían momentos del pasado en los que ellos eran las víctimas de un hecho tormentoso, una muerte dramática o un suceso destructivo e injusto. Ninguna de esas experiencias vividas en hipnosis incluía un viaje a una vida anterior donde el sujeto de la terapia hubiera sido un auténtico gilipollas. Nadie jamás había matado a alguien, o parecía haber errado en nada, o participado en el lado equivocado de la historia.

Fuera como fuese, una curiosidad mezclada con escepticismo se apoderó de mí, obligándome a seguir este camino de migas de pan y a probar una de esas misteriosas regresiones. A riesgo de decepcionarte, debo advertirte de que lo importante de esta anécdota no es si pude o no experimentar una de ellas y si fue tan espectacular y epifánica como las descritas en el libro, sino que esta conversación me llevó a reconectar con mi intuición. A veces creemos que los grandes momentos nos llegan de forma gloriosa, llamativa u obvia. La realidad es que, a menudo, la épica de nuestra evolución no se desata en grandes batallas, sino en pequeñas situaciones y decisiones. Los «antes y después» de nuestra vida se presentan como subterfugios, escondidos detrás de otros eventos y de la mano de personas insospechadas.

Durante aquella sesión, Sally fue la guardiana imparcial de un espacio donde ideas nunca antes expresadas salieron de mi boca y se quedaron flotando en la habitación, como plumas después de una guerra de almohadas. Sally no fue mi terapeuta, pero me ofreció algo que antaño era cosa de curanderas y ancianas sabias en familias, comunidades y tribus. Esta experiencia me proporcionó un lugar seguro, así como tiempo para ser yo misma y sanar. Y de todas las palabras que purgué de mi alma aquel día, varias preguntas me sobrevinieron de golpe, reverberando con más fuerza que todas las demás: tengo bastante buena intuición cuando se trata de ayudar a los demás, pero ¿por qué siento que no la tengo cuando se trata de mí? ¿Por qué pongo mi confianza en personas que no se la merecen? ¿Por qué siento que, a veces, elijo el camino que menos me conviene? ¿Por qué esa voz que tanto me ayuda cuando se trata de dar apoyo a los demás se queda callada cuando la necesito para guiarme a mí? Seguro que tú también te has planteado cuestiones similares, esas que residen en tu interior y que quizá nunca hayas verbalizado. Es en el momento en el que les damos forma, en el que las vomitamos, que las hacemos presentes y, por ello, visibles y reales.

Cuando acabé de compartir mis dudas en la consulta de Sally, cogí aliento mientras sentía que los ojos se me llenaban de lágrimas. Ella me ofreció esa sonrisa comprensiva de quien ha oído las mismas preguntas más veces de las que puede recordar. Las dos nos miramos en silencio y en ese momento entendí que sabía la respuesta a todas esas cuestiones; esa voz no se había ido a ningún sitio, el hilo que me conectaba a ella, a su poder y a su magia, seguía allí, simplemente se había ido apagando por no haberla escuchado.

Los problemas con nuestra intuición se inician en el momento en que olvidamos que esa conexión existe, y cuando dejamos de creer en nosotras mismas también abandonamos nuestra sabiduría personal, forjada tanto por grandes lecciones como por aprendizajes sutiles. La solución reside en recordar esta sabiduría; es más, en darte permiso para sentirla de nuevo. Cuando preguntas sobre tu intuición y lloras por su pérdida, cuando te muestras de forma vulnerable en su honor, recuperas una relación que, en realidad, jamás había acabado.

De los veintimuchos a los treinta y pocos no solo dudé de mi intuición, sino que la ignoré con testarudez y me embriagué con la voz machacona y adictiva de mis ansiedades. Recuerdo la primera vez que, después de muchos años, no solo supe hacer caso a mi intuición, sino que la reconocí por lo que era. Y mi vida no volvió a ser la misma. Después de haber pasado una época en la que no le hice mucho caso, mi intuición vino al rescate un día en que el peso de una ruptura parecía que me iba a romper en dos. Había estado llorando, tirada en la cama, mientras agarraba mi panza de embarazada sobrepasada por un discurso interno borracho de miedo, carestía y duda. La radio de mi cabeza estaba estancada en la misma frecuencia, la que decía que yo no merecía ser amada, que había algo intrínsecamente malo en mí, que todo lo que me causaba dolor no era culpa más que de mis propias acciones y consecuencia directa de mi ineptitud para una vida feliz. No estaba sola, al otro lado del teléfono estaba mi hermana ayudándome, recordando, sin juzgarme, que sí merecía amor y que esta situación, que tanto dolor creaba, solo iba a convertirme en alguien «más fuerte, sabia y sexi».

Esas tres palabras de mi hermana crearon una especie de hechizo especialmente diseñado para despertar a brujeres durmientes. Desvelaron algo que durante mucho tiempo había estado escondido y adormecido entre las bambalinas de mi mente inquieta, observando, esperando, enraizado, sin perder su madurez y amor incondicional. Esa voz se dirigió a mí como un apuntador entre las sombras de mis sollozos, con su voz casi sorda, como una brisa mediterránea, presente en todas las direcciones, que se sabe ancestral y tan poderosa que no te queda más remedio que reconocer como cierta. De la voz de mi intuición provenía un cántico que decía algo así como «pero cariño, desahógate y llora. Tú sabes que tienes todo el derecho a ser amada, es más, ya eres amada, hoy y siempre, por todos los que te merecen y, sobre todo, por ti misma. Déjate llorar, preciosa, sácalo, deja que el ogro de tus pensamientos te enseñe tus miedos más profundos para que luego juguemos con ellos como se hace con los lobos adiestrados. Llora, churri (mi intuición me llama churri), que el llorar pasa, pero lo que estás aprendiendo ahora mismo se quedará contigo para el resto de tus días». Algo así es lo que mi cerebro entendió y lo recuerdo de este modo intentando darle sentido a esa sensación permeable y permisiva, un saber profundo único y sin forma propia. Paré de llorar, me enjugué las lágrimas y continué con mi vida, agarrándome a esas palabras como a un clavo ardiendo; palabras que me ayudaron durante los años que siguieron, en los que me dediqué, poco a poco, a reconstruir una autoestima marchita. Si has vivido situaciones parecidas, sabrás que una vez reconoces la voz de la intuición es difícil volver a olvidarla, pero recuperarla no es tan sencillo como parece.

Cuando convives durante años con el trauma o vives dolorosos nuevos comienzos, puede que nuestra mente, en su faceta más egotista, y en su torpe estratagema para mantenernos a salvo, tome las riendas despidiendo así esa vocecilla llamada intuición. Cuando estamos mal, obedecemos a la voz del ego y a todo aquel que nos quiera guiar a algún lugar, al que sea. Aceptamos esas voces como guías porque pocas cosas hay más agotadoras que el sentirse perdida. En muchas ocasiones me he visto a mí misma y he visto a tantas mujeres con hambre de encarnar lo brujeril, pero que no pueden hacerlo y no saben por qué. Es como si una parte de nuestro cuerpo sangrara y no pudiéramos ver dónde está la herida. Curar y rehacernos es un proceso que nos exige entender y diferenciar nuestras voces internas.

Cuando el ego está desbocado, por ejemplo, se convierte en una voz mental urgente y mandona, que nos llena de dudas y de miedos. Al ego le encanta repasar momentos difíciles del pasado y ansiedades sobre el futuro con esa soltura con la que los vecinos del cuarto primera nos recordaban las veces que llegábamos tarde y hacíamos enfadar a nuestros padres. Aparece como una retahíla crítica y chismosa, que puede llegar a ser destructiva si dejamos su radio encendida todo el día. Como parte de nuestra psique, el ego no es malo, nos ayuda a funcionar en sociedad y a reconocer peligros, pero dejar que en su faceta más controladora nos guíe en la vida es como dejar que ese pariente que siempre nos mira de arriba abajo con cara de «Ay, ya veo que has engordado unos kilitos» nos elija pareja, nos haga las fotos para el Instagram o le pida a tu jefa una subida de sueldo. Tal vez todo esto te parezca una exageración, pero cuando recuerdo los tiempos en los que decidí que mi ego llevara la voz cantante, me doy cuenta de que la cagué en trabajos, salí con gilipollas, odié mi cuerpo y, en resumen, no actué en mi mejor interés. El resultado derivó en un compendio de destrucciones: depresión, aislamiento, beber mucho y comer poco o mal. El ego está ahí para cumplir una función, pero cuando confundimos sus chillidos con los murmullos de nuestra sabiduría interior, ahí, justo ahí, es cuando nos equivocamos.

Ahora que sabemos qué es el ego y cómo nos puede alejar de nuestra intuición es cuando debemos preguntarnos: entonces, ¿qué es la intuición?

El *Diccionario de la Real Academia* define «intuición» como la «facultad de comprender las cosas instantáneamente, sin necesidad de razonamiento». La doctora Judith Orloff, psiquiatra y curadora intuitiva, en su libro *Intuitive Healing: Five Steps to Physical, Emotional, and Sexual Wellness*, define la intuición como «Una potente forma de sabiduría interior no mediada por la mente racional».

Las fuentes de estas definiciones no podrían ser más dispares, pero ambas hablan de ese «saber» o de sensaciones cargadas de un conocimiento sin base lógica aparente que nos viene de repente, esos *pings* —tal y como los llama la experta en temas de manifestación y bienestar Lacy Phillips— que aparecen de golpe en la mente o sentimos en nuestro cuerpo

Aunque hay cierto consenso en la definición de «intuición», las explicaciones sobre cómo esta funciona pueden ser tan variadas como distintas son las experiencias y creencias de cada persona. Dependiendo de a qué escuela filosófica, religión o tradición espiritual acudas, la intuición puede ser vista como el resultado de procesos de nuestro inconsciente, una mera respuesta instintiva o el mensaje de nuestros guías espirituales y ángeles comunicándose a través de nosotros. En definitiva, hay gente que cree que el cerebro es el único emisor de estas sensaciones, mientras que otros creen que es un mero receptor de una sabiduría que viene del más allá.

Para nosotras, las brujeres, no importa de dónde creamos que provenga la intuición, lo esencial es entender que funciona como una herramienta de orientación, en forma de sabiduría sutil, que debe ejercitarse a menudo. Un superpoder de los de la vida real, para el que el ego es su kriptonita. Y precisamente porque la intuición es algo que todas poseemos y nos hace más fuertes e independientes, el patriarcado ha intentado hacerla suya y manipularla, o bien ignorarla, despreciarla y ridiculizarla. Detrás de estas campañas insidiosas existe una verdad tan sencilla como apabullante: si empezamos a escucharnos a nosotras mismas, tal vez dejemos de hacer caso a todos aquellos que nos intentan mangonear.

Entender algo tan intangible y con tantos matices como la intuición va a seguir dependiendo, en gran medida, de nuestra experiencia personal. No se trata de un instrumento infalible, y es fácilmente confundible con emociones, pensamientos del cerebro consciente y reacciones hormonales. Lo que sí puedo afirmar, brujer, es que, desde que decidí reconectar con mi compás interior, la vida me parece menos estresante, tengo más confianza en mí misma y siento que la gran mayoría de las cosas que hago están más basadas en una autenticidad interna que en obligaciones exteriores. Con los años, práctica y mucha paciencia, puedes aprender a distinguir las distintas voces que hay en ti y escuchar aquella que más te convenga en cada momento.

La intuición es como un colibrí, viene sin anunciarse, sus mensajes son tan ligeros como un aleteo y, cuando ha acabado de dártelos, se marcha tan rápido como ha llegado. Sin saberlo conscientemente y en cuestión de milésimas de segundos, leemos un gesto, nos acordamos de algo y hacemos conexiones que desembocan en ese «saber» del que hablábamos. Y mientras puedes sentir los delirios del ego como un nudo en el estómago, los momentos que tengas con Doña Intuición te dejarán con una sensación de abertura energética en el pecho, flotarás con la maravillosa y soportable ligereza de la que es capaz tu ser.

Mi descripción preferida sobre el proceso intuitivo la encontré en la literatura. En el primer libro de la celebrada trilogía *La materia oscura* del autor inglés Philip Pullman, la protagonista Lyra Silvertongue, una niña de unos once años al comienzo de la saga, explica cómo lee los símbolos del aletiómetro, un instrumento inventado que a primera vista parece una brújula, pero que en realidad lo sabe *todo*. Sus agujas no apuntan al norte, sino a una serie de símbolos que circunvalan el objeto y que, si se saben leer correctamente, comunican la verdad sobre sucesos y personas.

El aletiómetro le es confiado a Lyra, quien durante un diálogo del primer libro describe cómo lo lee para acceder a la verdad.

Si bien en ningún momento se refiere a la intuición, esta es una de las mejores definiciones que he encontrado sobre el concepto:

—¿Y cómo sabes dónde están esos símbolos?

—Es como si los viera o, mejor dicho, como si los sintiera. Es como bajar una escalera de noche, pones un pie en el escalón de abajo y sabes que después viene otro escalón. Pues bien, yo sitúo mi pensamiento abajo y hay otro símbolo, es como si presintiera lo que es. Después los junto todos. Es como una especie de truco, como cuando enfocas los ojos.

Así pues, conectar y entender nuestra intuición es como bajar una escalera a oscuras, un proceso que combina concentración, sensaciones y confianza en una misma. No es casualidad que al final de la trilogía, cuando pasa de ser niña a adolescente, Lyra pierda la capacidad de leer el aletiómetro de forma intuitiva. Podría interpretarse que, perdida la inocencia y ese empuje propio de la niñez, nuestro pie duda al intentar encontrar el peldaño y muchas veces resbalamos, o directamente se nos quitan las ganas de movernos en la oscuridad.

Pero esa oscuridad, si te atreves a navegarla, puede venir cargada de sorpresas. La intuición es misteriosa y huidiza, y cuanto más desarrollas tu conexión con ella, más parece desvelar elementos energéticos y metafísicos que van más allá de explicaciones basadas en procesos fisiológicos. Hablo de esos momentos que todas hemos vivido en los que ese saber intuitivo parece estar desvinculado de toda experiencia personal. Por ejemplo, pensamos en alguien y poco después esa persona nos llama o tenemos una visión que viene de la nada y acaba anticipando algo que finalmente sucede. ¿Te suena, brujer?

Cuando hablo de «la nada» no solo me refiero a algo que no

tiene conexión con ningún proceso evidente, hablo de que la sabiduría interior parece provenir de un lugar muy profundo dentro de nosotras, tan misterioso e insondable como el universo. Hablo de la Gran Nada, el gran misterio de la existencia de todas las cosas. Algunas tradiciones espirituales lo llaman el Ahora, el Dao, el Campo, etc. Esa Nada que es el todo, esa Nada que todo lo sabe, sin tiempo o espacio, solo energía y saber, a la que accedemos cuando nos desvinculamos del ego y nuestro sentido de la identidad personal. Ese lugar de saber total y universal que trasciende identidades personales, infinito e insondable.

En la arcana mayor del Tarot la representación de la intuición viene de la mano de la carta de La Sacerdotisa, la cual está asociada con la luna, lo femenino y la sabiduría más profunda en nosotras mismas. En muchas de las versiones de esta carta, La Sacerdotisa aparece rodeada de agua, símbolo del subconsciente, y sentada en un trono que se impone ante un umbral que parece conectar con otro mundo. De su cabeza salen unos cuernos que flanquean la luna llena. Esos cuernos también son los símbolos de las lunas creciente y menguante. Las tres lunas simbolizan no solo lo femenino, sino también las tres fases simbólicas de la mujer: la doncella (luna creciente), la madre (luna llena) y la harpía (luna menguante). Lo femenino representado de forma trinitaria lo encontramos a menudo en diosas de la antigüedad tales como Qetesh —diosa de origen canaanita adoptada por los egipcios—, quien incorporaba en su ser a las diosas Qudshu (Fertilidad), Astarté (sexualidad, fecundidad) y Anat (Guerra); o la Hécate griega, la diosa de la brujería y la luna, quien a menudo era representada con tres caras. Estas diosas, con sus variaciones y complejidades, hacen siempre referencia a diferentes manifestaciones de lo femenino en el mundo y los misterios de su saber.

Las tres fases simbólicas de la mujer nos recuerdan la complejidad cíclica, tanto de nuestra vida como de nuestra sabiduría interior, ya que en cualquier momento podemos encarnar la inocencia de la doncella, la plenitud y madurez de la madre o la sabiduría basada en la experiencia de la harpía. La Sacerdotisa, pues, es un compendio de estos tres aspectos de la intuición y, a su vez, es la guardiana de los misterios y las grandes verdades, tanto de las mundanas como de las cósmicas. Con este arquetipo, entendemos la intuición como portal para explorar los terrenos de lo numinoso.

Brujer, no dejes que nadie te diga que escuchar la voz de tu sacerdotisa interior no es posible, que es una pérdida de tiempo o su sutileza es un signo de una falibilidad inevitable. Si has dejado que la relación con tu intuición se apagara, recuerda que resucitarla con tu atención y dedicación no es solo un acto de permisividad contigo misma, es un acto de pura supervivencia, porque, cuando la reencuentras, también te permites encontrarte.

• EJERCICIOS •

La intuición es una de las herramientas principales de la brujer y una de las claves para desarrollar una relación más profunda con nosotras mismas. Estos ejercicios te ayudarán a conectar con ella.

Cómo enraizarte en tu cuerpo:

La intuición se sirve del cuerpo para comunicarse, pero cada una somatizamos sus mensajes de forma distinta. Aunque a menudo hablo de «la voz de la intuición», pocas veces la percibimos como una voz en el sentido literal. En mi caso, los *pings* intuitivos aparecen en mi mente como un saber repentino y desvinculado de cualquier cadena de pensamiento, pero tu experiencia podría ser muy diferente a la mía.

Palabras y expresiones que utilizamos como sinónimos de «intuición» nos dan una pista de la multitud de formas en las que las recibimos: «corazonada» o «pálpito» (un impulso, sensación repentina en el pecho), «presentimiento» (impresión a través de un sentimiento que anticipa un acontecimiento), «percepción» (una comprensión, un saber a través de los sentidos), «visión» (ver algo), «olerse» algo (anticipar), «instinto» (una sensación que nos hace actuar o responder sin saber por qué). Todas hemos podido sentir alguna de estas formas de comunicación intuitiva, pero te recomiendo que aprendas a entender o fortalecer la predominante para ti. Y para llegar a ese punto hay que cuidar del cuerpo y aprender a escucharlo.

Todo esto puede sonar un tanto desalentador, pero no te preocupes, brujer. Hay tipos de ejercicios físicos que tal vez ya practiques en tu día a día y que, sin saberlo, te ayudan a enraizarte en el momento presente y a conectar con tu cuerpo, tus emociones y, a largo plazo, con tu intuición. Si aún no lo haces, te recomiendo que añadas a tus actividades preferidas un plus de intención y atención.

Si aún no has encontrado —o ni siquiera te has planteado realizar— actividades físicas que te gusten lo suficiente como para hacerlas a menudo, he compilado una lista de sugerencias. Te animo a que pruebes diferentes actividades y te quedes con las que mejor te sientan. Los ejercicios recomendados se pueden hacer sin gastarse casi ni un duro y desde casa. Antes y después de hacerlos intenta respirar hondo, pon una mano en tu corazón y otra en tu vientre, escucha tu respiración y tus latidos y trata de observar, sin juzgar, cuáles son las emociones, sensaciones y posibles mensajes que aparecen sin ser forzados. Si tienes tiempo, te recomiendo que escribas lo que aparece en tu mente.

- **Yoga (con vídeos de YouTube):** puede que ya practiques yoga o que, por el contrario, lo encuentres un topicazo. He hablado con muchas mujeres que, aun cuando sienten cierta curiosidad, tienen miedo de no ser lo suficientemente flexibles o atléticas y, por tanto, no se inician en ello. Pero el yoga es un tipo de ejercicio que se puede adaptar a cualquier edad, condición, tipo de cuerpo y nivel de flexibilidad. «Yoga» proviene etimológicamente de la misma palabra que «yugo», y quiere decir «unión». Y eso se debe a que el objetivo principal de esta disciplina ancestral es la unión de cuerpo, alma y mente, para, a través de movimientos que aúnan diferentes posturas (asana) y de la respiración (pranayama), no solo cuidar nuestro cuerpo, sino también conectarnos con él con una intención meditativa. Solo el hecho de que el yoga se practique sin espejos —a diferencia de otras disciplinas, como el ballet— nos fuerza a conectar con nuestro cuerpo guiadas solo por nuestra atención, nuestros sentidos, mirando para adentro y, en definitiva, de forma muy intuitiva. El yoga nos enseña técnicas que nos ayudan a acallar la voz del ego y dar espacio para escuchar otras sinfonías, esas que aparecen sin forzar cuando relajamos la mente y escuchamos. Son emociones, recuerdos y bloqueos, pero también intuiciones.

  Pero el yoga no tiene por qué parecerse a esas poses imposibles que ves en Instagram. Puede tratarse de algo tan sencillo como sentarse con paciencia e ir realizando micromovimientos asumibles acompañados por respiraciones. Poco a poco irás viendo un cambio, tus músculos podrán estirarse cada día un poco más y tus resistencias mentales se irán moldeando a base de repeticiones.

En casa solo necesitas entrar en YouTube desde tu ordenador, tableta o pantalla del móvil e intentar hacer los ejercicios lo mejor que puedas, sin presionarte ni juzgarte. Si, en cambio, puedes permitirte ir a clases de yoga, también te lo recomiendo, pero infórmate bien sobre el centro al que quieras acudir. ¿Qué tipo de yoga hacen? ¿Tiene una plantilla de profesores? ¿Cómo se acomodan a los principiantes? ¿Se da la bienvenida a todo tipo de personas, habilidades y edades? Cuando vayas al centro, no te desanimes si no te gusta la clase o el/la profesora, sigue buscando hasta que encuentres lo que a ti te vaya bien. También puedes probar otras disciplinas, como el pilates, que trabajan movimiento y respiración sin espejos.

¿Es esencial practicar yoga para ser brujer? Por supuesto que no, pero te animo al menos a probarlo. A nivel personal he vivido y observado el poder del yoga para transformar la salud, tanto mental como física, y ayudarnos a conectar con nosotras mismas en formas que van más allá de la esterilla.

- **Bailar:** si no puedes ir a clase, o te da vergüenza, ponte los cascos y baila mientras cocinas, a lo Salma Hayek en *Solo los locos se enamoran*. Si no cocinas, intenta encontrar momentos de soledad para menear el cuerpo: mientras ordenas, friegas los platos o cualesquiera que sean las tareas que tengas que hacer diariamente y que te parezcan aburridas. Si bailas, aportas una nueva dimensión a tu rutina, pero también conectas con tu cuerpo y haces vibrar cada molécula que hay en ti.

- **Correr:** Osho, el controvertido gurú, dio en los años ochenta un discurso sobre cómo correr con la atención necesaria puede convertirse en meditación. A mí personalmente no me atrae para nada el concepto de «gurú» tal y como lo han adaptado muchos adeptos occidentales (es más, en el capítulo «La brujer y los ancestros» intento desbancarlo). Tengo que reconocer que he aprendido mucho del libro *Meditación*, una compilación de charlas dadas por Osho, donde precisamente encontré la explicación de cómo meditar mientras corremos.

- **Otras actividades que recomiendo explorar:**
  - Dibujar y hacer *collages*.
  - Escritura o dibujo automático.
  - Jardinería.
  - Pasear.
  - Nadar.
  - Caminar descalza.
  - Estirarse en la cama.
  - Ducharse.
  - Darse un baño.
  - Cantar.
  - Sexo (aquí también incluyo masturbación).

Cómo ordenar tu vida:

Los trastos y el desorden no ayudan a nadie. Nos pueden distraer y hacer perder el tiempo. La claridad interior a menudo se corresponde con la claridad de los espacios donde vivimos. No obstante, la manera en que tienes decorado tu espacio y lo que para ti significa orden es un concepto personal e intransferible.

Cómo distinguir la voz de la intuición de la del ego:

Desarrollar una relación sana con nuestra voz interior es un primer paso fundamental en nuestro proceso de convertirnos en esa brujer que somos y que, sin saber por qué, no siempre nos dejamos ser. Por supuesto, no aconsejo que dejes tu inteligencia analítica y sentido común de lado, los extremos nunca son buenos. Para empezar un nuevo camino o mejorar aquel en el que nos encontramos, es increíblemente útil aprender a distinguir «la voz de la tía loca que vive en nuestra cabeza», como diría Cheryl Strayed —brujer entre brujeres—, del susurro de la intuición. Es como si nuestro saber interior utilizara nuestro cuerpo como un piano, cuyas teclas comunican diferentes conceptos.

Sentirnos cómodas con tales distinciones no es fácil y requiere práctica. El arte de identificar intuiciones —agujas mágicas en el pajar de nuestra mente y cuerpo— no es sencillo. Sus mensajes se presentan en diferentes formatos, cierto, pero para cada persona hay algo en común, un elemento repetitivo y único, y, a falta de una analogía mejor, cierto «sabor» distintivo. Es ese sabor el que cada brujer debe encontrar y, una vez lo ha identificado, se nos hace mucho más fácil separar la intuición del resto de cacofonías internas.

De la misma forma que te recomiendo que intentes encontrar ese sabor personal propio de tus intuiciones, te invito a que analices cómo te hace sentir la voz del ego, incluyendo toda la gama de emociones que esta despierta. El doctor Joe Dispenza explica en *Sobrenatural, gente común y corriente haciendo cosas extraordinarias* cómo las emociones son el resultado de una reacción bioquímica a nuestros pensamientos y recuerdos: «… las emociones son el vocabulario del cuerpo y el residuo químico de experiencias pasadas». Como dice Lindsey Mack, tarotista y una de mis maestras, los sentimientos pueden ser reales, pero eso no significa que sean verdad.

Si un pensamiento provoca una reacción física que no es agradable, focaliza tu atención en esa reacción y recuerda que cada persona es diferente. En mi caso particular, por ejemplo, con el tiempo y la paciencia me he dado cuenta de que somatizo mis reacciones a los pensamientos dañinos del ego como una sensación en el bajo vientre. Estas sensaciones tienen mil y una formas de manifestarse; una vez tuve una clienta que descubrió que podía tener sensaciones de tirantez en los hombros cuando un pensamiento negativo o infructuoso aparecía en su cabeza.

Para entender mejor tu forma particular de procesar estas percepciones empieza por cosas muy sencillas; piensa en comida que no te gusta, imagina que la comes, que la saboreas, y siente cómo tu cuerpo reacciona a ello. Repite el ejercicio varias veces imaginando diferentes cosas que no te gusten, más tarde repítelo con cosas que te apetezcan o con tus comidas preferidas. Intenta, sin presionarte, ver si hay algún común denominador en tus respuestas físicas; puede que sientas la misma tensión en los músculos cada vez que te llame esa persona que siempre quiere quedar para hablar de su ex. Puede que esa sensación te indique que es mejor quedar menos con ella, o ser sincera y decirle que solo vais a veros si es para hacer algo diferente y no para hablar de lo de siempre.

Por un lado, el ego casi siempre me muestra los peligros en el camino y los fallos de mis acciones, y en ocasiones estas sensaciones son realmente útiles; por otro, he aprendido a entender dónde acaba su utilidad y empieza su toxicidad, es decir, esas sensaciones en mi cuerpo me avisan de que mi ego está tomando el control y ha llegado el momento de pararlo. Respiro hondo, pongo la mano sobre esa parte de mi cuerpo en la que esa emoción se ha materializado y conecto con ese ahora. Es en ese ahora donde la mente se acalla y los problemas son parte del pasado o ficciones del futuro.

Por el contrario, cuando intuyo algo que sé que va a ser bueno o útil para mí, noto una sensación en el pecho, casi más energética que física; como si el chakra del corazón (vórtice energético que se encuentra entre tus senos) se activara y expandiera.

Conectar con ejercicios físicos es importante, pero también es esencial mantener esa conexión en las labores más sencillas (en situaciones sociales, en reuniones de trabajo, etc.). Eso creará espacios, aunque sean milimétricos, donde podemos discernir lo que nos dice la mente de lo que nos pide el cuerpo.

Todas las brujeres tenemos momentos en los que nos olvidamos de mantener nuestra relación con la intuición. La mejor estrategia es tener paciencia y mucho amor propio, volver a tus prácticas. Para evitar desvíos en tu camino intenta escucharte a menudo, brujer, porque escucharse es quererse.

Cómo crear tu léxico intuitivo personal:

Te invito a que busques tu propia definición de intuición. Descubre su lenguaje y dale la oportunidad de guiarte, no solo en el día a día, sino también más allá, hacia lo más profundo que hay en ti. Utiliza ese proceso como una oportunidad para entenderte y formar un código propio que apoye tu entendimiento de lo intangible. Usa tu intuición para conocer tu magia y darle forma, color y sabor.

Puedes empezar por ese *ping* que suena a veces en tu cabeza. Una vez aparezca, con notarlo no es suficiente; hay que darle espacio, escucharlo para luego asimilarlo, aun cuando al inicio no entiendas lo que te quiere decir. Integrar algo tan sutil como es la intuición requiere tiempo, práctica, humildad y compasión hacia una misma. Seguir el hilo de tu curiosidad, acoger una mentalidad de ensayo y error, ser honesta cuando metes la pata, tener el coraje de volver a intentarlo, calibrar, refinar...

Cuando te sientas cómoda entendiendo los mensajes que recibas a través de tu intuición, te animo a que los escribas. De vez en cuando lee la lista de intuiciones que has ido recopilando. A veces, verás que lo que habías escrito tenía relación sincronística con acontecimientos de tu vida, otras veces te proporcionó información sobre ti misma y que solo cobró sentido con el paso del tiempo.

Esto te ayudará a ejercitar el músculo de la intuición, a encontrar patrones o denominadores comunes que te ayuden a identificar con más facilidad cuándo tu intuición se quiere comunicar contigo y qué hacer con sus mensajes. Si quieres probar este ejercicio, te recomendaría que tengas paciencia y te lo tomes con calma y mucho humor. Hazlo sin expectativas y sin obsesionarte con los resultados. Recuerda que todo lo brujeril es sutil y evoluciona a un paso mucho más lento del que estamos acostumbradas en el mundo moderno. Acepta que un proceso así puede durar años, que habrá veces en las que tu intuición parecerá estar a flor de piel, otros momentos en los que te parecerá que se esté apagando o que simplemente estés tan cansada que no puedas ni escucharla. Si te gusta la astrología, puedes intentar seguir el calendario lunar y la posición de los planetas para ver si hay un patrón en la manera y la intensidad con la que la intuición se comunica contigo. Para hacer esto hay que tener tiempo y ser muy organizada. No te sientas culpable si decides no intentarlo o dejarlo para más adelante, a menudo los ejercicios más sencillos pueden ser los más poderosos.

En resumen (paso a paso):

✓ Encuentra un tipo de práctica o ejercicio que te guste, practícalo con intención y atención, incluye momentos meditativos antes y después y atiende a tu respiración durante la realización de dicha práctica o ejercicio.

✓ Traslada lo que aprendas en estos ejercicios a tu vida diaria. A momentos tranquilos y cotidianos primero y luego a momentos más estresantes.

✓ Ordena tu vida, evita las distracciones innecesarias.

✓ A medida que sientas que estás más conectada con tu cuerpo intenta entender cómo reacciona a diferentes pensamientos. Empieza pensando en cosas sencillas, tales como comida. Luego lleva esa consciencia a todo tipo de situaciones.

✓ Define lo que tú crees que son reacciones intuitivas o, por el contrario, procesos mentales dominados por el ego. Pon atención a ambos hasta que entiendas y sepas cuáles son útiles y aportan sabiduría, cuáles no lo son y cuáles son indicadores de algo más. Puedes escribirlo en tu diario, hacer notas de voz y, sobre todo, prestar atención, será lo que más te ayude.

✓ Crea tu léxico intuitivo personal. Con tiempo y paciencia, practica y apunta las diferentes formas en las que la intuición se comunica contigo.

La brujer y la abundancia

Tal vez lo manifestaste tú o tal vez fue tu privilegio blanco.

Corinna Rosella,
fundadora de la plataforma
Rise Up Good Witch

Si quieres encontrar un tema que pone a prueba a cualquier brujer —y persona en general— ese es el de la abundancia, con la que nos adentramos en un territorio fértil, tan fértil que puede convertirse en pantanoso. Encontrar una fórmula para vivir en abundancia es la primera piedra filosofal en el camino de la brujer, y, en mi experiencia, una que todos deseamos encontrar. Y aunque en este libro incida en la importancia de alejarnos de la sobreacumulación, eso no significa que las brujeres, tal y como yo las entiendo, tengan que conformarse con una vida limitada y regida por la escasez. A mi parecer, las brujeres saben vivir vidas prósperas e ingeniosas y aprenden que la magia es, en parte, entender los entresijos de la abundancia. Cómo generarla, mantenerla y ampliarla.

La abundancia tiene mil caras y todas se compaginan y se nutren las unas a las otras; yo propongo estos tres vértices: prosperidad económica, relaciones que cubran nuestras necesidades de conexión —imposibles sin la existencia de una comunidad— y recursos no solo materiales, sino también de experiencias, de ideas y de tiempo.

Una vida sin abundancia es una vida con carencias a nivel físico, mental, emocional, espiritual y material. Desear la abundancia es lo mismo que querer una vida con salud, resiliencia, generosidad y esa confianza en saber que pase lo que pase tienes donde caerte muerta. Cuando intentamos, aunque sea por un momento, soñar una vida llena de prosperidad, muchas mujeres nos topamos una y otra vez con un techo de cristal y un abismo insondable. Vivimos en la era poscrisis de 2008 y del covid-19, y nunca nuestra habilidad para hacer que nos pasen cosas buenas se ha puesto a prueba como ahora. Los tres aspectos de la abundancia —crear, mantener y hacer crecer— suponen un trabajo especialmente difícil para las mujeres, a las que se nos ha enseñado generación tras generación que el dinero, por ejemplo, no es lo nuestro, que es mejor no pensar en él o que incluso es mejor tenerle miedo. Todos los seres humanos tenemos lo que expertas como Danetha Doe —escritora, emprendedora y fundadora de Money & Mimosas— o Amanda Steinberg —autora del libro *Worth It* y fundadora de DailyWorth— llaman nuestras «creencias interiorizadas sobre el dinero». Estas creencias forman una mitología personal inconsciente que define nuestra relación con la idea de riqueza y domina, sin que nos demos cuenta, muchas de las decisiones que tomamos en cuanto a temas financieros se trata y de nuestras actitudes al respecto. Estas ideas se formaron desde el momento en que observábamos a nuestros padres y cuidadores cuando éramos crías. Puede que pasaras tu infancia rodeada de malgastadores e irresponsables o, por el contrario, tal vez creciste en una casa con adultos muy ahorradores. Ahorrar no es malo, pero si tus padres nunca gastaban dinero porque vivían bajo la creencia subyacente de que «hay que ahorrar porque no sabemos cuándo va a llegar más dinero», entonces creciste atrapada en una historia empapada de miedo a la escasez. Esa creencia seguramente estaba basada en hechos reales, tal vez tus padres o cuidadores no tenían trabajos estables o crecieron rodeados de pobreza, y este pasado familiar vinculado al dinero —y a nuestros orígenes como clase obrera— puede hacer que heredemos una falta de confianza económica en nosotras mismas, basada en la creencia de que solo podremos generar la abundancia justa, la estrictamente necesaria. Dicho en otras palabras, tal vez creas que la abundancia tiene un límite y que solo la generan unos pocos afortunados o maleantes, herederos de ya considerables fortunas. Esa era mi historia, mi única herencia. Esa falta de confianza forma paradigmas enquistados sobre el dinero que pueden pasar de generación en generación. Tanto si tus padres tenían dinero como si siempre faltaba el dinero en casa, todos tenemos una relación, única, complicada y definitoria con el dinero y la prosperidad.

Si además eres mujer, estas creencias interiorizadas seguramente se han visto potenciadas por lo que la sociedad nos dictamina. Pueden ser cosas tan sutiles como, por ejemplo, cuando quieres abrir una cuenta para tu nuevo negocio, visitas la página web de tu banco y solo encuentras fotos de hombres y de familias heteronormativas, o puede ser que pases por algo tan obvio y mordaz como una mala experiencia con un contable que, en lugar de ayudarte, te hizo sentir pequeña e incapaz. Si eres una mujer perteneciente a un grupo minoritario o marginado, esta vulnerabilidad se multiplica *ad infinitum*.

Cuando aprendí este concepto de que todos tenemos un relato interno que define nuestra relación con el dinero, sentí que me explotaba la cabeza. Todos mis miedos y mitos personales sobre el dinero resurgieron como fantasmas escondidos en una antigua casa abandonada. Me di cuenta de cómo durante años no solo había estado evitando a toda costa creer que mi riqueza material podía aumentar: es que siempre había estado presente la superstición, tan ridícula como poderosa, de que si conseguía ser más rica, algo malo podría pasarme. Como si ser merecedora de prosperidad fuera un club al que yo no estaba invitada y en el que si conseguía colarme, tendría que pagar con mi alma o con mi suerte. Destapar esa superstición fue solo el principio de un camino que me llevó a tratar muchos otros temas relacionados con el de la abundancia más allá del dinero, como el amor propio, la carrera, la relación con mi cuerpo, etcétera.

En mi búsqueda para entender mi relación con la abundancia, empecé a preguntar a las mujeres de mi vida cómo veían ellas el tema del dinero y cuál era la relación que tenían con él. Algo sorprendida, me di cuenta de que yo no estaba sola. Cada una de las mujeres con las que hablé vivían, en mayor o menor medida, inconscientemente controladas por sus «relatos interiorizados sobre el dinero», tal y como me había pasado a mí. Es más, casi todas tendían a ver sus finanzas como algo a evitar o ignorar. En esas situaciones, el dinero no es visto como un recurso sino como una bestia dormida, un alacrán gigante que vive en esa cueva oscura que llamamos la cuenta bancaria y si lo miras demasiado te inyectará sin piedad su veneno. La vida adulta de la gran mayoría de las mujeres que he conocido se caracteriza por una batalla constante para aprender que somos merecedoras de todo aquello que deseamos. Deseos del alma, aquellos que llevamos dentro y que nuestra intuición susurra, pero que no siempre atendemos o nos permitimos sentir.

Obviamente, estas conversaciones informales con mujeres de mi entorno no tienen el rigor de una investigación sociológica, pero me ayudaron a ver que no era una excepción en mi tóxico, si bien inconsciente, *affaire* con la prosperidad. Hasta entonces no había tenido deudas y era organizada con el dinero, pero la pieza más importante del puzle se me resistía; entender la magia de la prosperidad no es solo supervivencia, también es valentía para mirarla a la cara y convertirla en tu aliada. Mis miedos, expresados con la voz del ego, habían dominado esa relación durante mucho tiempo. Me hicieron creer que me mantenían a salvo cuando, en realidad, me estaban ahogando.

Una de las lecciones más importantes de lo brujeril es saber dar la bienvenida a la abundancia con elegancia, desparpajo y sin complejos. Puedes encender todas las velas del mundo, recitar todos los hechizos, repetir afirmaciones y escribir en tu diario hasta quedarte ronca y ciega, que si en la parte más oscura y escondida de tu ser hay una vocecita que cree que no mereces lo que deseas, la abundancia siempre te va a eludir o tomarás decisiones que no te ayudarán; al contrario, no harán otra cosa que perpetuar tus creencias inconscientes sobre la abundancia.

La carta del Tarot en la que basamos este capítulo es La Emperatriz. En ella encontramos a una mujer satisfecha, tumbada, rodeada de cosechas y, por tanto, de riquezas. Esta carta está relacionada con Venus —amor y fecundidad—, con Deméter —fertilidad— y con el *yin*. El *yin* es la energía femenina que recibe a la vez que nutre. Es el cauce por el que pasa el río. Es la copa que llenamos de vino. Él es útero simbólico en el que puede crecer la vida. Las brujeres encarnamos a la Emperatriz cada vez que recibimos algo, pero, para aceptar tales regalos, hay que empezar por creer que los merecemos. Y aunque parezca difícil, todas podemos hacerlo; recibir y dejarnos llevar para celebrar lo que la vida nos ha dado y lo que hemos conseguido y, al mismo tiempo, dejar bien claro que tenemos la intención de seguir recibiendo.

Los actos mágicos para aceptar y generar abundancia son simples y no tienen por qué ser fáciles, ni tampoco que ver con el dinero. Aún me cuesta explicarle a la gente que estoy escribiendo un libro. Hablar de ello me despierta sentimientos de vergüenza al pensar que los demás creerán que estoy presumiendo. Aunque me sea difícil y me dé un apretón en la boca del estómago, me esfuerzo por sacar el tema cuando la gente me pregunta qué es lo que hago. No es por ellos, es por mí. Es mi proceso mágico para honrar lo que he conseguido sin empequeñecerme. Así que, dime, brujer, ¿dónde y cuándo te empequeñeces? ¿Te da apuro aceptar lo que es tuyo? ¿Hay alguna convicción que te guíe a pensar que el dar es siempre mejor que recibir? La cruda realidad es que conozco a pocas mujeres a las que recibir se les dé bien. Piensa en algo tan básico como los halagos. ¿Cuántas veces has recibido un comentario positivo sobre ti diciendo «gracias»? Más aún, ¿cuántas veces alguien te ha adulado y te has atrevido a responder con un simple «ya lo sé» o «¿a que sí?»? Y aún más: tal vez conozcas a una brujer que practica esa simple pero poderosa respuesta y no puedas evitar juzgarla pensando que se lo tiene creído.

Aparte de recibir, una de las acciones más poderosas que una brujer puede aprender a dominar es el uso de la palabra «no». No es ningún hechizo, pero tras esta corta sílaba se esconde un mundo de insospechada abundancia. Diciendo *no* a tus suegros, a ese café con esa persona que solo sabe hablar de ella misma, a esa cerveza de más, a ese proyecto que podría ser lucrativo, pero que te va a quitar un tiempo valioso para hacer otras cosas que te inspiran más; *no* a esa cita del Tinder, a otro capítulo de esa maldita serie de Netflix... Diciendo *no* a muchas cosas que no te aportan nada abres espacio para que entren la inspiración, las oportunidades e incluso el dinero. Todo esto puede sonar reduccionista, pero, después de todo, la esencia de este libro es encontrar la magia en los actos más sencillos.

Creer que nos merecemos abundancia es un proceso que nos puede costar toda una vida. Es una práctica constante que requiere estar alerta y el coraje que conlleva adentrarse en la oscura cueva del conocimiento propio. Cuando crees que has descubierto y tratado todos tus miedos y resistencias, te encuentras con otros que ni siquiera sabías que existían. No te conviertes en brujer por tener la fórmula de la abundancia completamente aprendida y dominada: encarnas a la brujer-Emperatriz cuando entrevés que hay una forma de generar abundancia que proviene de la transformación interior. Es un proceso que aúna tu alma, tu subconsciente, tu mente y tu corazón, guiados por la misma intención.

Este proceso, en mí, no fue fácil. Hice terapia, me inscribí en un programa que proporcionaba un *coach* y trabajé en mis creencias interiorizadas; todo ello pidiendo becas y ayudas económicas. Me abrí y compartí con gente allegada mis miedos y preocupaciones, y cogí el hábito de respirar hondo cada vez que un nudo en el estómago me convertía en una estatua de sal. Estos son solo algunos de los ejemplos de lo que puedes hacer para erradicar algunos de tus fantasmas hasta que estés familiarizada con esa certeza tan sabrosa de que querer, y no solo necesitar, no solo es un privilegio, sino también tu derecho.

No hay que olvidar que la brujer también vive bajo la premisa de que hay abundancia que podemos crear nosotras y hay otra que nos es dada. La gran mayoría de las personas lo tienen muy difícil cuando se trata de acceder a los recursos mínimos. Diferentes corrientes espirituales pueden ayudarnos a encontrar y entender la magia de la abundancia y, al mismo tiempo, estas tradiciones pueden convertirse en monstruos arrogantes que se atreven a decirte que si no manifiestas cosas buenas en tu vida, es porque no eres lo suficientemente (y aquí va una lista de topicazos con los que nos tropezamos en nuestro camino): espiritual, fuerte, confidente, buena, generosa, positiva, guapa, etcétera. Todo en la vida tiene su sombra y su luz, y el sector espiritual no se libra de esa paradoja. Esas generalizaciones que se leen en blogs y se escuchan en *podcasts* de que todo pasa por un motivo y de que, en el fondo, cada uno de nosotros escogemos lo que nos pasa, pueden rayar lo perverso. Es más, muchos libros de autoayuda o maestros espirituales comparten opiniones de hechos que solo concebimos de forma intuitiva como grandes verdades. En mi opinión, hay que ir con cuidado cuando esgrimimos sin consciencia citas y opiniones que indican cosas como: «Si te pones enfermo, es porque lo has manifestado», «Si has nacido en una zona en guerra, es porque tu alma ansía esa experiencia»… Humm, ¿calladitas estamos más monas?

Sin darnos cuenta, y con toda nuestra buena intención, los seres que nos adherimos a prácticas espirituales podemos hacer y hacernos mucho daño, empequeñeciendo en lugar de enalteciendo, avergonzando en lugar de empoderando. Cuando sugerimos a alguien que su vida no va mejor porque, en el fondo, no ha trabajado lo suficientemente duro o rezado lo suficientemente alto, podemos estar obviando la realidad socioeconómica en la que vive y, en lugar de ayudar, meter el dedo en la llaga. La vergüenza resultante alimenta una bestia que invade y no nos deja crecer. La falta de abundancia en la vida de una persona jamás puede ser juzgada como ineptitud o falta de «magia». La realidad opresiva en la que vivimos nunca debe ser ignorada. Es más, debe ser combatida.

La brujer no se define por ser rica ni recibir regalos del universo cada vez que hace un saludo al sol. La brujer es una persona que trabaja con templanza y desparpajo. Sí, hay rituales, prácticas y meditaciones que te van a ayudar a, como mínimo, cambiar tu relación con la prosperidad, en general, y con el dinero, en particular. Pero, créeme, el primer acto mágico de una brujer no es encender una vela del color verde del dinero, es ir al banco y abrir una cuenta de ahorros, pedir el dinero a aquellos que te lo deben, ir a parar un desahucio o ir a ver a un asesor fiscal ético y comprometido (encontrar uno de estos sí que es, en muchas ocasiones, magia).

Reducir la magia de lo abundante a rituales y a creencias es peligroso y, a mi entender, la vida es una combinación de caos y sincronicidades. Está claro que alguien nacido en una familia adinerada va a tener más ventajas que aquel sin ningún tipo de recursos. Si bien es cierto que hay gente que sabe crear abundancia de la nada, hay que responsabilizarse y aprender a distinguir lo que es magia de lo que es privilegio. A nadie se le ocurriría decirle a una madre soltera mileurista con cuatro críos y tres trabajos que si no tiene más dinero, es porque no sabe pedírselo al universo.

Al mismo tiempo, creo que toda brujer puede crear un margen de acción que le permita cambiar su situación. Podemos valernos de grandes o pequeñas dosis de magia, junto con personas que nos ayuden, información y mucho trabajo personal. La magia es una combinación de ceremonias personales y de acciones palpables. La brujer tal vez no sepa cómo navegar esta extraña y, a priori, terrorífica combinación, pero entiende que hay una necesidad imperante de evolucionar para convertirse en la emperatriz, la dueña y señora de su vida.

Mantra para la abundancia:

Brujer, te recomiendo un mantra tan sencillo como efectivo: «No lo necesito, pero lo quiero». Este mantra no te convierte en codiciosa; al contrario, te da permiso para desear más allá de la mera necesidad, de aceptar lo que quieres con ética, integridad y autenticidad. No hace falta que lo repitas delante de un espejo, simplemente apúntalo en un sitio visible y acuérdate de él cuando puedas. Intenta entender qué significa esta frase y reflexiona sobre cuáles son las cosas que no te estás dejando desear y por qué. Si llegas a la raíz de esas creencias, intenta cambiarlas. En los capítulos «La brujer y la vergüenza» y «La brujer y la luna» encontrarás ejercicios que te ayudarán a desbancar estas convicciones.

Crea tu propio mantra:

«No lo necesito, pero lo quiero» es una de mis frases «mágicas» preferidas. Pero estos mantras no sirven para nada si no creemos en lo que dicen. La misma honestidad y confianza requerida como herramienta para la abundancia se nos es requerida para utilizar cualquier frase motivacional. Lo importante no es repetir los mantras, lo esencial es encontrar esas pocas palabras que dan en el clavo de lo que necesitas despertar en ti. Estas frases no son hechizos que todo lo solucionan, sino que representan y honran todo el proceso que nos ha llevado a formularlos, recordándonos hacia dónde vamos y qué es lo que queremos.

Encontrar tu frase tal vez resulte difícil, porque tiene que ser auténtica y muy adaptada a tus experiencias y necesidades.

Cuando yo encontré mi mantra para la abundancia sentí esa sensación de abertura, de «¡sí!» cósmico y epifánico que pocas veces sucede en la vida. Esa frase desbancó el mito de que me tengo que conformar con lo que necesito, lo inmediato y lo esencial. Me dio permiso para no sentirme culpable por querer y desear más de lo que pensaba que merecía. No me convirtió en una derrochadora irresponsable, todo lo contrario, me ayudó a sentirme más empoderada, me inspiró para planear lo que antes no me atrevía ni a soñar. Tu mantra puede encapsular un nuevo paradigma personal, iniciado por ti y mantenido con la ayuda de esa frase y lo que ella representa.

Para encontrar tu frase presta atención a todo lo que pasa a tu alrededor. Puedes crearla de cero haciendo mucha investigación interna, o encontrarla por casualidad. Aquí tienes una lista de pequeñas acciones que te podrían ayudar a formar tu mantra para la abundancia:

- Escribe en tu diario y pregúntate lo siguiente: «¿Qué es lo que me ha limitado en el pasado en temas relacionados con la abundancia?». Escribe sin restricciones, lo primero que te pase por la cabeza, luego subraya lo que te parezca más importante. Entre estas ideas destacadas puede que encuentres aquellas que te den la clave para saber cuál es el nuevo paradigma personal que quieres iniciar para tu merecimiento y, por tanto, cuál es la frase que necesitas. Muchas veces esa la frase la encontrarás entre lo que has escrito.
- Relájate o medita y pregúntate a ti misma: «¿Cuál es mi mantra?». Deja que la mente te lleve a diferentes sitios, y tal vez en uno de ellos encuentres la respuesta.
- Procura estar atenta a las cuentas que sigas en las redes sociales, a los libros que leas o a los *podcasts* que escuches. Si

lo haces con intención de encontrar tu mantra, tal vez te topes con él cuando menos te lo esperes.

¿Cómo supe que con mi mantra daba en el clavo de verdad? No solo lo supe porque, cuando se me ocurrió, tuve la sensación de haber resumido en unas pocas palabras lo que tanto tiempo llevaba buscando, sino también porque sentí un poco de bochorno al pensar que por fin estaba externalizando un sentimiento que llevaba reprimiendo mucho tiempo.

En este caso la vergüenza fue una sensación útil, que me indicaba que tras ella se escondía algo esencial que valía la pena explorar. Descubrí que esa sensación estaba motivada por mi ego, el cual se resistía a la verdad de esa frase porque abría un nuevo portal que me alejaba de mis miedos y resistencias, tan familiares y cómodos. El ego —entendido como la mente tomando el papel de identidad protectora— es el primero en reconocer nuevos territorios y en verlos como algo desconocido y, por lo tanto, peligroso, y ante estos siempre intentará protegernos. Así pues, tu mantra de abundancia puede que te repela un poco al principio, que te haga sentir ridícula o que parezca que vaya a ser inútil. Dale tiempo y te aconsejo que:

- Vayas más allá de la vergüenza que sientas al principio.
- Hagas preguntas sobre por qué esta frase te ha despertado esas sensaciones.
- Investigues la raíz de las creencias o prejuicios que encuentres en tus respuestas.
- Intentes cambiarlas, recordando que las creencias no tienen por qué ser verdades.
- Consultes los ejercicios de «La brujer y la luna» o «La brujer y la vergüenza».

Y recuerda: la magia no reside en la frase que hagas tuya, sino en el proceso que te ha llevado a crearla y la consecuente energía con la que la dices, la escribes y la crees.

Herramientas para la abundancia:

La intuición, la honestidad, la confianza y la creatividad son las herramientas clave en las que se basa el desarrollo de la abundancia tal y como lo detallo en este capítulo. Juntamente con los ejercicios que aquí explico, te animo a que explores tu relación con estos conceptos; repasa tus experiencias con ellos, intenta definirlos.

Siempre va bien que anotes tus pensamientos e ideas en tu cuaderno o que hagas notas de voz. No tengas prisa, estos temas están muy presentes en todo el libro y tendrás tiempo de indagar más sobre ellos e incluso formar nuevas opiniones.

Estas herramientas son los pilares en los que se basan los ejercicios sobre la abundancia. Explora tu relación con estos conceptos e intenta definirlos, repasa tus experiencias con ellos. Siempre va bien que anotes tus pensamientos e ideas en tu cuaderno o que hagas notas de voz. Estos temas están muy presentes en todo el libro y tendrás tiempo de indagar más sobre ellos e incluso formar nuevas opiniones.

Intuición:	Ver capítulo «La brujer y la intuición».
Honestidad:	Ver capítulo «La brujer y la luna».
Confianza (límites):	Ver capítulos «La brujer y la creatividad» y «La brujer y el coraje».
Creatividad:	Ver capítulos «La brujer y la creatividad» y «La brujer y la soledad».

Proceso para crear abundancia:

Estos pasos pueden llevarse a cabo en el periodo de unas semanas, meses o incluso años. Recuerda que tu proceso brujeril es solo tuyo y será mejor no compararlo con ningún otro. Si quieres probar estos pasos, te recomiendo que los adaptes a tu manera de ser, a tu tiempo y a tus necesidades. Los ejercicios de este capítulo y los del anterior son los más largos y detallados de este libro. Eso se debe a que ambos presentan los cimientos de todo lo que expongo en él. Por esa razón puedes intentar seguirlos mientras acabas el resto del libro o terminar la lectura primero y luego volver a ellos. Recuerda que en www.brujeres.net/libro encontrarás recursos adicionales que te pueden ayudar con este y otros capítulos.

Sueña. Reconocer lo que la abundancia significa para ti —no para tu familia, amigos o la sociedad en general— es el primer paso. Abundancia para ti podría significar una vida en una pequeña casa en un bosque, donde trabajas *online* solo unas horas a la semana y cultivas tus propios vegetales. Tu sueño, por el contrario, podría tener una pinta muy diferente, y ser una mansión en París con un yate en Cannes. La abundancia como concepto de acumulación indiscriminada y motivada solo por el estatus no hace a casi nadie feliz. Todos tenemos en nosotros un sueño de vida distinto y ese es el que debemos honrar. ¿Cómo puedes saber cuál es ese sueño? Muchas de vosotras tal vez tengáis una idea de cuál es vuestro sueño de vida, aun cuando no lo hayáis compartido con nadie. A menudo, nuestras visiones de abundancia son muy similares a las fantasías que teníamos de niñas y que olvidamos a lo largo del camino. Te recomiendo que las escribas o dibujes, y no hace falta que las compartas con nadie.

Si, por el contrario, sientes que te has pasado la vida viviendo el sueño que otros han creado para ti y no sabes qué es lo que quieres, no te preocupes, hay formas de averiguarlo. Puedes ahondar en este paso con una *coach*, sesiones de Programación Neurolingüística (PNL) o hipnoterapia. Cuando hayas formado esa imagen, plásmala por escrito o visualmente (dibujo, *collage*, etc.). Muchísimos movimientos espirituales y de bienestar se han apoyado sobremanera en la visualización como herramienta para atraer lo que queremos. La verdad es que si imaginarnos lo que queremos fuera suficiente, todos estaríamos viviendo vidas muy distintas. La visualización es una herramienta poderosa para clarificar nuestros deseos y una inspiración para pasar a la acción. Los detalles de tu visión serán el comienzo y el ancla del proceso. Cuando te sientas perdida o ya no te acuerdes de por qué estás haciendo lo que haces, vuelve a tu visualización, empápate de tu sueño y recuerda qué es lo significa para ti la abundancia.

Planifica. Todo proyecto de vida necesita un plan y todo plan tiene que construirse a partir de un mínimo de investigación. Puede que hayas hecho planes antes y no hayas ido a ningún sitio. Por eso recomiendo que utilices la visión que escribiste o dibujaste en el primer paso para inspirar un plan que se corresponda con tu sueño de una forma holística. Te invitaría a que no caigas en la trampa de decir, por ejemplo, «Si tengo dinero, no voy a tener que preocuparme de otros aspectos de mi vida». Esa puede ser una receta para la infelicidad o el síndrome de la pobre niña rica. Es más, si desarrollas abundancia en cada aspecto de tu vida, uno ayudará al otro, creando así una red interconectada en lugar de tener toda tu fortuna pendiente de solo un hilo. Los aspectos de la abundancia como yo la entiendo son los cuatro elementos utilizados en las artes herméticas y que durante años he utilizado en mi práctica personal. Estos son:

- **Fuego:** carrera, pasiones, sexo, proyectos creativos; todo aquello que nos «encienda».
- **Agua:** amor, relaciones, trabajar las emociones.
- **Tierra:** salud, dinero, administración, trabajos, ejercicios que nos enraízan en nuestro cuerpo (jardinería, pasear por el campo o la playa).
- **Aire:** comunicación, estudio, vida social, procesos mentales.

Estos elementos son los cuatro pilares de nuestra relación energética con el mundo. E incluso aunque el concepto de energía se te escape, puedes trabajar con ellos desde un punto meramente cognitivo. Estos pilares ayudan a crear categorías para hacer listas de lo que es importante y de lo que no lo es. En www.brujeres.net/libro encontrarás una hoja de cálculo que te ayudará a escribir lo que deseas basándote en tu visión del primer paso, y en correspondencia con cada elemento para asegurarte de que todos los aspectos de tu vida estén cubiertos. Recuerda que cuanto mejor sepas qué está pasando con tu dinero, más preparada estarás para crear abundancia.

Visita tu lado oscuro. Este es uno de los pasos más esenciales del proceso, y crear una visión de tu futuro y hacer un plan de lo que queremos no es suficiente. Cuando empiezas a crecer y tu vida empieza a expandirse es cuando más posibilidades hay de que se susciten reacciones movidas por nuestro inconsciente que nos boicoteen, nos impidan ir hacia donde queremos o incluso destruyan lo que hemos conseguido hasta el momento. Para evitar que pase esto es necesario sacar a la luz esas creencias que hemos desarrollado a lo largo de nuestra vida y que, sin saberlo, pueden cortarnos las alas cuando queremos echar a volar. A este acto de traer a la luz lo que está en el inconsciente se le puede llamar «trabajo de sombra», y hablaremos de él de forma detallada en «La brujer y la luna».

Cuando te sumerges en las aguas oscuras del inconsciente, desentierras todos los trastos viejos de tu psique, aquello que tu ego ha escondido en el inconsciente ante la creencia de que las partes de nosotras que no nos gustan o que no aceptamos están mejor enterradas. Este trabajo de sombra puede ser tan agotador que se sirva de todo tu coraje; a fin de cuentas, si fuera fácil convivir con esos desechos, ya lo habríamos hecho hace tiempo. Lo interesante de este proceso es que, cuando finalmente sacamos a la luz lo que llevaba tiempo acumulando polvo y óxido descubrimos que, solo con pulir un poco, esa basura se acaba convirtiendo en un tesoro de autoconocimiento que nos guía a una nueva forma de hacer las cosas. Es más, al hacer este trabajo, el autoboicot se minimiza, porque vemos con mucha más claridad creencias o miedos que nos han podido dominar en el pasado sin ser conscientes de ello. Somos capaces de frenar la llegada de reacciones autodestructivas antes de que sucedan o pararlas si ya han empezado, y de volver a un espacio de consciencia donde sabemos lo que hacemos y por qué lo hacemos.

Alimenta tu magia. Cuídate, este proceso puede ser agotador, y para llevar tu plan a cabo necesitas estar descansada y despierta. Tanto tu energía física como tu energía vibracional y sutil se pueden agotar o estancar, y para recargarlas y regenerarlas es necesario insuflar intención a las acciones identificadas en tu plan. Si visitas www.brujeres.net/libro podrás encontrar recetas, recomendaciones e instrucciones para todos estos ejercicios. No tienes por qué ni debes probar todo esto a la vez. Puedes empezar, por ejemplo, por una cosa que te encante y combinarla con otra que te cree una resistencia interior. De esta forma estarás haciendo algo fácil, que te apetece y te nutre y otra que te supone un reto o despierta una resistencia. En muchos casos son las cosas que menos nos apetecen las que más beneficios esconden.

- Medita.
- Crea un altar para la abundancia: para crear cualquier tipo de altar es necesario encontrar un sitio de tu hogar para este propósito; no tiene que ser grande, un rincón de una estantería te puede valer. Yo siempre recomiendo que los altares sean sencillos; escoge cuatro objetos que te recuerden a los cuatro elementos. Por ejemplo:

  - Una vela (fuego).
  - Una concha de la playa (agua).
  - Una piedra o un puñado de arena (tierra).
  - Una pluma (aire).

  Esta es la base de cualquier altar. El altar en sí mismo no es mágico, es un lugar donde concentramos nuestra energía con un propósito determinado, anclamos dicha energía con los objetos escogidos y cada vez que le damos atención amplificamos la intención con la que lo creamos. Puedes prestarle atención con ofrendas de flores, incienso o incluso música. Si quieres centrar la energía de tu pequeña hornacina en un tema como la abundancia no hace falta que utilices cristales, cualquier elemento que para ti signifique abundancia puede ser incluido en el altar; por ejemplo, monedas. También puedes escribir tu mantra o una pequeña descripción de vida en una hoja e incluirla. Añade lo que quieras y aquello que a ti te guste, ponte creativa y construye un espacio sagrado personal y único.

- Haz rituales cíclicos (en correspondencia con las fases lunares, estacionales y menstruales). Ver «La brujer al borde de un ataque de nervios».
- Toma baños rituales que te ayuden a descansar y a concentrarte.
- Escribe en tu diario.
- Inspírate con aquello que ves en redes sociales o que puedas leer en las biografías de gente que tiene el tipo de vida que a ti te gustaría tener. Si bien este libro insiste en la necesidad de que te crees tu propio camino y de no seguir a ciegas modas o tendencias espirituales, también podemos aprender a utilizar las redes sociales a nuestro favor. Deja de seguir a aquellas personas que no te aporten nada o que no te inspiren, y permítete conectar con aquellas cuyas vidas te motiven y te den pistas de lo que quieres.
- Cuida de tu cuerpo (comiendo bien e intuitivamente, haciendo ejercicio, teniendo buen sexo, durmiendo lo que necesites, etcétera).

Establece fronteras personales sanas. No te rodees de gente que te hace sentir pequeña, no pongas tu energía en proyectos o relaciones que no te aporten nada. Para construir la vida que quieres necesitas alimentar tu magia y poner tu tiempo y energía en aquello que te beneficia o te nutre. Puedes aprender más sobre este tema en el capítulo «La brujer y la soledad».

Regala lo que no te sirva. En el capítulo de la intuición hablábamos de que ordenar tu mente y tu entorno te ayuda a tener una mente más despejada y preparada para conectar con tu cuerpo. En mi experiencia, ordenar es esencial no solo para sentir paz y estar más concentrada, sino también para dejar ir aquello que no nos sirve. Crear espacio es abrir huecos para recibir abundancia. Esta es solo una creencia personal, pero intuitivamente siempre he sentido que el universo es energía —hasta aquí, vale—, pero que además no le gustan los huecos y los rellena tan pronto como puede. Muchas veces te cobran cinco euros de más en un súper y luego encuentras un billete de la misma cantidad en el bolsillo de tu chaqueta de invierno; a veces, perdemos algo y, al cabo de poco, encontramos algo parecido, pero mejor. Así pues, si deseas un coche nuevo, vacía tu garaje. Si quieres un trabajo nuevo, deja de invertir energía y horas en un proyecto que no te aporta nada. Si quieres pareja, deja de pasar tanto tiempo con ese/a amigo/a que parece tu novio/a, pero no lo es.

Si bien no tienes por qué alejarte de la gente de tu vida que quita más que aporta, sí puedes cambiar la relación con ellos e implementar las fronteras sanas de las que hablaba. En cambio, deshacerse de trastos tendría que ser más fácil. Y no hay mejor manera que de darlos a quien sí los necesite.

En resumen, ser generosa y al mismo tiempo elegir con cuidado lo que dejamos entrar en nuestras vidas son conceptos claves de la brujer. Menos —y con calidad— siempre es más. Si te cuesta creer a ciegas en mi teoría de los huecos energéticos, no te lo reprocho; de todas formas, las recomendaciones que aquí comparto te van a ayudar sin importar cuáles sean tus creencias metafísicas. Tener una vida más ordenada te prepara mentalmente para ir más allá. Dejar de poner energía en lo que no deberías recargará tus reservas y creará tiempo para lo que sí tendrías que estar haciendo. Poner distancia con personas que, por más que las puedas querer, no te dan lo que tu alma te pide solo va a beneficiar a todas las partes involucradas, creando así relaciones más sinceras y sanas, y abriendo avenidas para pasar tiempo en tus proyectos o conocer a nuevas personas. Todo esto te aporta espacio y tiempo, y te abre el camino para que tu magia respire, se expanda y cumpla su cometido.

Revisa tu plan y vuelve a empezar. Como consecuencia de revisar tu plan tal vez encontrarás que tus sueños han ido cambiando a lo largo del proceso y que necesitas repensar tus objetivos. Es recomendable que no esperes alcanzar a la perfección la primera vez que crees un plan, como también lo es ser totalmente compasiva cuando lo revises. Puede que tuvieras unos ideales sobre tu futuro que en su momento parecían encajar con tus expectativas, y que, finalmente, con el tiempo y mucho trabajo de sombra, te des cuenta de que más bien había sido un sueño impuesto por otros o por nuestro ego. Si ese es el caso, no pasa nada; perdónate, entiende que siempre estamos evolucionando y que este perpetuo movimiento nos ofrece oportunidades para conocernos mejor.

En resumen (paso a paso):

✓ Aprende a trabajar con el mantra para la abundancia: «No lo necesito, pero lo quiero».

✓ Crea tu propio mantra.

✓ Investiga las herramientas para la abundancia, intuición, honestidad, confianza y creatividad.

✓ Embárcate en el proceso para crear abundancia:

- Sueña.
- Visita tu lado oscuro.
- Alimenta tu magia.
- Establece fronteras personales sanas.
- Regala lo que no te sirva.
- Revisa tu plan y vuelve a empezar.

La brujer y la creatividad

Quiero saber qué hay dentro de ti. Quiero ver los contornos de tu segundo corazón palpitante. Así que escribe, Elissa Bassist. No como una chica, no como un chico. Escribe como una cabrona.

CHERYL STRAYED,
Pequeñas cosas bellas

¿Qué pasaría si, una mañana, nos levantamos y decidimos que nos tomamos el día libre para hacer y crear lo que nos apetezca? ¿Se acabaría el mundo? No. ¿Nos sentiríamos culpables? Probablemente sí.

Aquí os dejo una verdad que a todas nos cuesta horrores entender: si no hacemos el trabajo de creer y aceptar que merecemos abundancia es difícil que podamos encontrar el tiempo y el espacio necesarios para desarrollar, crear o producir. Porque una autoestima sana y una vida creativa plena van de la mano, y la creatividad no es otra cosa que el acto de materializar nuestra esencia y su legado.

Mientras que en el capítulo anterior hablábamos de la abundancia como el acto de recibir a nivel tanto físico como energético, el *yin*, muy asociado con lo femenino, en este capítulo nos adentramos en el territorio de la energía masculina, el *yang*. Cuando hablo de energías masculinas y femeninas no hablo de los géneros o de descripciones sociales de lo que quiere decir ser mujer o ser hombre, o de lo que culturalmente entendemos como femenino y masculino; roles y actitudes. Aquí hablo de conceptos que trascienden esas etiquetas, pues todos tenemos estas energías presentes en nuestro ser. Como veíamos en el capítulo anterior, la energía femenina se asocia, entre otras cosas, con la fertilidad, el recibir y el nutrir; en cambio, en este capítulo nos adentramos en el *yang* en todo su esplendor. La carta del Tarot llamada El Emperador nos enseña aspectos de la energía masculina, tales como el actuar y el tomar espacio. Aunque esta visión del mundo parezca *a priori* un tanto binaria y rígida, siempre nos resultará de ayuda recordar que las energías fluyen, se adaptan y se combinan. Las brujeres no trabajamos en un mundo donde haya que escoger entre blanco o negro, más bien vivimos en una escala multicolor, y cuando estás versada en la magia brujeril, se te puede hacer más fácil notar cuándo te estás decantando más hacia una energía que hacia la otra y decidir que ha llegado la hora de equilibrarlas. Por ejemplo, el mundo moderno nos exige un ritmo tan frenético que es muy fácil que acabemos viviendo más desde nuestra energía masculina y que esta se convierta pues en la dominante. En estos casos, tal vez acabemos trabajando demasiado y cuidándonos poco, entre otras cosas. Las energías, como todo en la vida, se pueden llevar al extremo, y es entonces cuando se vuelven tóxicas. El arquetipo tarotiano de El Emperador en su faceta más saludable es un líder, un guía, un inventor y un constructor; en su lado más desenfrenado y oscuro es un déspota, un conquistador y un destructor.

La creatividad es, sin duda, una de las expresiones más positivas y sanas de esta simbiosis energética y nace del descanso y la reflexión propia del *yin*, pero que principalmente crece y se desarrolla gracias al *yang*. Porque, en general, mientras que el *yin* nos hace mirar hacia dentro y atender nuestro mundo interior, el *yang* nos empuja hacia el exterior.

La creatividad es esencial para nuestras vidas y se define como la capacidad de crear. Para diseñar, idear y resolver problemas utilizamos la creatividad a diario, y ello nos hace humanas. Y la Creatividad en mayúscula nos permite ir más allá, explorar los anhelos de nuestra alma, encontrar nuestra autenticidad y destapar nuestra magia.

Ahora te invito a que te tomes un momento para pensar en las mujeres de tu vida: ¿cuántas de ellas están estresadas? ¿Cuántas de ellas nunca tienen tiempo y siempre están cansadas? ¿Cuántas de ellas mencionan ese proyecto que les gustaría emprender, ese libro que nunca tienen tiempo de leer, ese curso que ahora no se pueden pagar? En un mundo donde el hecho de quererse a una misma es un acto revolucionario, darse tiempo para crear aquello que nos pide el alma es casi un milagro. Porque todas, incluidas las brujeres más instruidas en el proceso mágico de la creatividad, buscamos excusas para no permitirnos crear.

He visto a muchas mujeres empeñarse en limpiar toda la casa antes de sentarse a escribir. Y tú ya sabes lo que ocurre con las tareas domésticas, que nunca se terminan. Es un método infalible para obstaculizar la creatividad de una mujer.

La mujer tiene que cuidar de que una responsabilidad excesiva (o una respetabilidad excesiva) no le robe los necesarios descansos, ritmos y éxtasis creativos. Tiene que plantar firmemente los pies en el suelo y decir que no a la mitad de las cosas que ella cree que «tendría» que hacer. El arte no se puede crear solo con momentos robados.

La dispersión de los planes y los proyectos se produce cuando una mujer intenta organizar una idea creativa y esta se le escapa, parece que se la lleva el viento, o bien se vuelve más confusa y desordenada. No le sigue la pista de una forma concreta porque le falta tiempo para tomar nota, dejarlo todo por escrito e ir organizándolo. O está tan ocupada en otras cosas que pierde su sitio y no puede recuperarlo.

Dra. Clarissa Pinkola-Estés,
Las mujeres que corren con los lobos

La misma sociedad cuya economía se basa en hacernos creer que no somos lo suficientemente guapas, delgadas, interesantes, buenas o malas, etc., también nos inculca una reacción de culpabilidad ante todo lo que no sea «útil» y le quita valor a la soledad requerida para crear. Es una enfermedad paradójica de la vida moderna. Una trampa corrosiva de la que no podemos salir fácilmente. Hay que ser productiva, hay que estar disponible a golpe de WhatsApp para los demás, hay que, hay que, hay que... Al mismo tiempo se enaltece el *artisteo*, la gente que siempre parece tener tiempo para no hacer nada y los viajes al Caribe resumidos en *reels* de cinco segundos. Si no trabajas sin parar eres una vaga, si no te tomas tiempo para ti eres una fracasada. ¿En qué quedamos? Es más, si esta mezcla la sazonas con ansias de perfección y con la vergüenza que se despierta al compartir algo creado por nosotras, junto con los pensamientos del «¿Qué dirán?» y «¿Qué se ha creído esta?» tan propios del síndrome de la impostora, el resultado es que tenemos la receta para un cóctel venenoso antiinspirador y mata-creatividad.

Me acuerdo de que durante mis últimos años de niñez y mi adolescencia escribir y dibujar eran dos de mis pasatiempos preferidos. Pocas veces tenía la suficiente confianza en mí misma para acabar de escribir las historias que poblaban mi cabeza, sentía una especie de vergüenza demoledora asociada con atreverme a pensar que yo podría llegar algún día a escribir una historia, y mucho menos compartirla. El dibujo, por otro lado, no me despertaba tanta tensión interna, así que muchas veces me dedicaba a dibujar las caras y los cuerpos enteros de las protagonistas de mis historias. No solo dibujar personas me fascinaba, sino que a través del dibujo me daba permiso para experimentar en mi cabeza con las historias que no me atrevía a escribir o a finalizar. Con cada trazo mi mente daba forma a paisajes y diálogos. A veces, mi madre entraba en la habitación y me pillaba dibujando lo que ella llamaba «muñequitas», y me reñía por no estudiar o por perder el tiempo. Ahora sé que mi madre solo quería que hiciera los deberes y fuera una buena estudiante, también sé que el dinero escaseaba y, aunque hubiera pedido que me inscribieran en clases privadas de dibujo, seguramente no me las podrían haber pagado. Este es un claro ejemplo de cómo, a veces, incluso mujeres de la misma familia podemos suprimir sin querer aspectos de la creatividad ajena y propia. Dicho esto, mi madre es una de las personas más creativas que conozco, y en muchas otras situaciones sí que apoyó mi amor por el arte y la literatura. Ella fue una de las razones por las que opté por estudiar Historia del Arte, y su pasión por la artesanía y su lema «Si puedes, hazlo tú misma» siempre me han acompañado.

En los momentos en los que nos sentimos perdidas y no sabemos cuál es nuestro camino creativo, es útil recordar que la creatividad no solo se encuentra en las grandes obras de arte, sino también tras cada gesto cotidiano. Podemos encontrar inspiración y crear belleza con sentimientos bien expresados o con la comida que cocinamos o con cómo nos vestimos o cómo nos manifestamos. Intenta inyectar creatividad tanto en los grandes como en los pequeños gestos y notarás cómo un tipo muy especial de magia siempre estará vibrando tanto en ti como a tu alrededor. La creatividad es un instrumento y un arma de la brujer. Cómo expresamos esa creatividad es solo asunto nuestro. No te vuelvas loca buscando un *hobby* glamuroso cuando a ti lo que de verdad te gusta es pintar casetas de pájaros. Todo lo que te ayude a sacar lo que llevas dentro es creatividad. La brujer es, principalmente, un ser creativo y cuando no podemos expresar nuestro duende, corremos el riesgo de apagarnos.

Crear es producir y producir es tomar tu legítimo sitio en el mundo. Es agarrar la abundancia por los cuernos. Y aunque a menudo nos hagan sentir lo contrario, hay sitio para todas. Las brujeres no competimos y, sobre todo, nos tomamos el trabajo de las demás como algo sagrado. Entendemos que en cada expresión de la creatividad de nuestras compañeras se abren nuevas avenidas de inspiración para aquellas que caminan a nuestro lado o que vienen después de nosotras. Las opiniones constructivas, el apoyo y la celebración de los logros rompen las estructuras invisibles y poderosas que se empeñan en alentar actitudes de competición y alevosía entre nosotras. Sin embargo, celebrar los logros creativos de otras brujeres seguramente te resulte más fácil que aplaudir los tuyos propios.

Te invito a que creas —o te lo recuerdo si ya crees— que el mundo será más sabio, bonito, profundo y, en definitiva, un lugar mejor si tú contribuyes a él. No tomar nuestro espacio en la tierra se puede traducir en un malestar constante, en ese acúfeno al que nos llegamos a acostumbrar, pero que sigue ahí, dando por saco y contribuyendo a un templado mal humor que, para sobrevivirlo, asimilamos hasta tal punto que llegamos a pensar que es parte de nuestra identidad.

Si bien todas sabemos lo importante que es la creatividad, la gran mayoría del tiempo todo parece ser más prioritario que sentarse a hacer algo creativo. Por las mañanas intento levantarme, meditar, escribir algo en mi diario, hacer yoga y luego ponerme a escribir. ¿Sabes cuántas veces consigo hacer todo eso? La verdad es que solo un par a la semana. Hay días en los que estoy demasiado cansada y otros en los que mi hijo se despierta antes de tiempo, interrumpiendo mis pequeños momentos delante del ordenador. El mito *influencer* de las rutinas mañaneras, o el de encontrar tiempo para hacer cosas creativas cada día, puede convertirse en una falacia insidiosa que nos desmotiva más de lo que nos ayuda. La realidad es que muy pocas mujeres pueden darse el lujo de reservar grandes espacios de tiempo para practicar su arte. ¿Quiere eso decir que tenemos que rendirnos? Por supuesto que no. Tanto si tienes diez minutos en el tren como un fin de semana en una cabaña en las montañas, lo importante es que sientas y afirmes algo así como: «Este tiempo es mío y solo mío. La creatividad es una expresión de mi magia en el mundo, algo único e inimitable, y por eso me doy espacio, para que durante este tiempo lo único que importe sea yo y lo que yo cree. No voy a dejar que nada lo interrumpa, no voy a dejar que nada lo minimice». Y si esto te parece una parrafada, recuerda las palabras de Cheryl Strayed al inicio de este capítulo y repite en voz alta: «Voy a .... —rellena los puntos con lo que tú quieras— como una cabrona».

Elizabeth Gilbert, autora de *Libera tu magia*, uno de mis libros preferidos sobre la creatividad, nos aconseja que actuemos como si tuviéramos un *affaire* con nuestra parte más artística. De la misma forma que las personas que tienen relaciones secretas buscan oportunidades para escaquearse con sus amantes, la autora nos aconseja que encontremos momentos, donde y como podamos, para dedicarnos a nuestras pasiones.

No hay duda de que lo ideal es tener un tórrido *affaire* con tu creatividad. Si puedes hacerlo, hazlo, y si no, no te sientas culpable; hasta las brujeres que ya crean, sin miedos o síndromes del impostor, les cuesta mucho encontrar el tiempo y el espacio que necesitan para su arte. Lo importante es no rendirse.

La creatividad no solo contribuye a nuestro bienestar y el de nuestra sociedad, también hay muchas mujeres que desean hacer de sus talentos una fuente de ingresos. Cada mujer que conozco tiene o ha tenido una idea para un negocio, un proyecto o una comunidad. En estas ideas es donde encontramos de forma más evidente la intersección entre abundancia y creatividad. Si tu intención es hacer de tu creatividad una fuente de prosperidad material, te recomiendo que pongas en práctica todos los pasos del ejercicio del capítulo anterior. Trabaja tu confianza, infórmate, toma cartas en el asunto, crea un plan... Pero sin agobios y siempre con un plan B.

Aun así, para muchas brujeres la creatividad nace como una forma de microactivismo que puede, con el tiempo, evolucionar hacia algo mucho mayor. Sea como fuere, lo importante es que expreses tu creatividad de una forma personal, con intencionalidad o sin ella. Recuerda que crear es tomar espacio en el mundo, y en una sociedad que nos pide que reduzcamos nuestros cuerpos, ideas y emociones, es necesario convertirse en una gran *cabrona* para ignorar estas normas sociales y ver nuestro espacio y tiempo como algo esencial y sagrado. Un bien propio y un derecho natural que es tuyo simplemente porque sí.

Muchas brujas crean un círculo energético a su alrededor antes de empezar un ritual o componer un hechizo. De la misma forma, te invito, como brujer, a que tus espacios y tiempos creativos estén protegidos por ti como algo mágico y sagrado. Te aliento a que introduzcas rituales en tus rutinas productivas; te ayudarán a definir el tiempo, aportarán un valor especial a tu espacio y facilitarán que aumente tu atención en todo aquello que hagas. Porque tu arte —sea cual sea y lo muestres en público o no— se merece ese estatus.

Para crear tu «círculo mágico creativo» puedes:

- Crear un espacio en tu casa dedicado a tus labores creativas, aunque sea tu cama. Intenta decorarlo de forma personal y que te inspire. Hazlo tuyo y recuerda que es sagrado.
- Hacer un pequeño ritual antes y después de dedicarte a fomentar tu creatividad. Por ejemplo, puedes encender una vela para hacer del espacio donde creas algo más especial y para recordarte que, mientras esta permanezca encendida, ese tiempo es solo para ti y tu creatividad. O tu ritual también puede ser poner una música especial o recitar una frase que te motive. Recuerda que estos objetos y acciones por sí solos no son mágicos, pero la energía de tu atención sí que lo es.
- Levantarte media hora antes e intentar estar sola (si vives acompañada) para crear. La noche anterior planea en tu mente o en tu libreta lo que vas a hacer por la mañana, así puedes aprovechar el tiempo al máximo. Si no eres muy madrugadora, puedes hacer lo mismo de noche.
- Empezar con cosas creativas que se te den bien, especial-

mente las que puedas considerar como más nimias. Tal vez quieras diseñar, pero te da pavor intentar aprender cómo funciona el Photoshop; entonces empieza por entretenerte con un libro para colorear mientras ves la tele. Empezar por cosas pequeñas es mejor que no empezar nunca.

- Probar cosas nuevas en intervalos de veinte minutos al día durante unas semanas. No te exijas más tiempo, al cabo de unas semanas verás si lo que estás haciendo tiene madera de convertirse en una práctica creativa para ti o no. Sea como sea, habrás aprendido algo nuevo.

Rutinas mañaneras:

Estudios y expertos están de acuerdo en que la mayoría de las personas exitosas son aquellas que se despiertan pronto y fluyen como nadie en una serie de hábitos convertidos en rutinas. Como decía antes, tener tiempo por las mañanas puede ser un privilegio para muy pocas: las que no tienen insomnio, niños o no empiezan a trabajar a las cinco de la mañana. Esto no significa que las mañanas completas y llenas de actividades no estén al alcance de todos. Simplemente las tienes que adaptar.

- Para empezar haz una lista de las cosas que, idealmente, te gustaría hacer cada mañana. Elige cinco, sé ambiciosa y usa tu imaginación. Mis actividades ideales serían leer, hacer yoga, meditación, escribir y una ducha fría. ¡Casi nada! El truco no está en hacerlas todas, el truco consiste en alegrarte si consigues hacer una de ellas.
- Seas de biorritmo mañanero o no, empieza por levantarte diez minutos antes de tu hora habitual e intenta hacer solo una de las actividades que querrías hacer. Por ejemplo, en mi

caso, leer es fácil, solo tengo que alargar el brazo y coger un libro de mi mesita de noche. Te parecerá una tontería, pero las mañanas que consigo leer antes de que se despierte mi hijo son siempre una gran victoria y me hacen pensar, aunque siga en la cama, que tal vez mañana consiga de nuevo leer y también hacer algo de yoga… Y las mañanas en las que puedo levantarme noventa minutos antes y hacer mis cinco actividades resultan un milagro, por eso cada despertar es una pequeña celebración de mis logros, una bienvenida positiva al día que se avecina. Cuando tengo insomnio y mis mañanas son una batalla en la que voy luchando pesadez y mal humor, intento tener compasión y acordarme de las veces en las que sí he conseguido hacer algo extraordinario, insisto, por nimio que pueda parecernos.

Resumen (paso a paso):

✓ Abre tu «círculo mágico creativo».

- Crea tu espacio.
- Inventa un ritual para antes y después de crear.
- Levántate antes para estar sola.
- Empieza con cosas simples que se te den bien.
- Prueba cosas nuevas en intervalos cortos de tiempo.

✓ Rutinas mañaneras.

- Haz una lista de lo que quieres conseguir.
- Acostúmbrate a levantarte un poco antes cada día.

La brujer y sus ancestras

Somos las que estábamos esperando.

June Jordan,
«Poema para las mujeres sudafricanas»,
incluido en *Directed by Desire:*
The Collected Poems of June Jordan

Sin ancestras ni sus tradiciones, muchas de nosotras estamos perdidas en el camino de la brujer. Nuestra creatividad puede que carezca de musas, nuestro camino de modelos a seguir. Sin maestras ni tías sabias, muchas mujeres occidentales —y de otras partes del mundo— nos hemos visto huérfanas de guías y ayuda. Y ahí es cuando los mesías de veinte duros, los gurús de internet y los *coachs* que todo lo saben, han aparecido como setas venenosas en un bosque lleno de árboles centenarios. Sé que lo que voy a decir en este capítulo es controvertido y quiero reiterar que respeto las elecciones ajenas y que me encanta estudiar y aprender de todas las tradiciones religiosas. Pero me voy a tomar la libertad de decir: «¡Que les den a los gurús de tres al cuarto!». No hablo de esos maestros, maestras, guías y mentoras que todos necesitamos en un momento u otro, me refiero a aquellos individuos principalmente movidos por el ego, las ganancias y el deseo de poder sobre otros. Aquellos que parecen ofrecer una alternativa a las religiones tradicionales monoteístas y que, sin embargo, acaban imitando las estructuras de esos dogmas y tradiciones que tanto querían desbancar.

En los últimos años se han destapado escándalos de todo tipo en el mundo de las corrientes espirituales. Encontramos las acusaciones contra Bikram por abusos y crímenes sexuales, un yogui famoso por popularizar un tipo de yoga practicado en un entorno con temperaturas altísimas. Un documental de 2019 expuso, con todo tipo de detalles, no solo las acusaciones que sobre él han hecho, sino también la cultura de exaltación a su persona que creó a medida que crecía su popularidad. Bikram no es el único escándalo aparecido en el mundo del yoga. Pattabhi Jois, el ahora difunto fundador de ashtanga yoga —una de las disciplinas más practicadas en el mundo—, fue acusado de agresiones sexuales a sus alumnas. En 2019 su nieto, ahora director del Shri K. Pattabhi Jois Ashtanga Yoga Institute, admitió en Instagram haber visto a su abuelo dar ajustes posturales inapropiados a sus alumnas.

Otro ejemplo famoso fue B. K. S. Iyengar, creador del estilo que lleva su nombre, quien pegaba a sus alumnos en público. Otros muchos escándalos y rumores han surgido en el mundo del yoga, poniendo de manifiesto el poder desorbitado que llegan a tener muchos de estos maestros cuyos negocios, irónicamente, están basados en la premisa de mejorar vidas. Aunque aquí hablo de maestros de origen mayoritariamente indio, en Occidente estas disciplinas se siguen practicando sin que muchos de los instructores que las enseñan mencionen dichos escándalos o hagan una denuncia pública para desvincularse de tales comportamientos.

Las mujeres tampoco se libran de escándalos. Liz Gilbert, a quien he mencionado anteriormente, describe en su famoso libro *Come, reza, ama* sus experiencias en un *ashram* (centro de retiro religioso) de la India, donde fue a meditar. Nunca se confirmó dónde acudió la autora, sin embargo, se especuló con que el centro mencionado en el libro podría pertenecer a Gurumayi Chidvilasanand, también conocida como Malty Shetty, quien, según un artículo de 2010 de la revista *Salon*, ha sido acusada de manipular a sus seguidores y de irregularidades fiscales. Es más, se cree que su predecesor, Muktananda, cometió una serie de abusos sexuales, incluidas violaciones, a muchas mujeres jóvenes; actos de los que Shetty podría haber estado al corriente o incluso se sospecha que ayudó a tapar.

A pesar de estos escándalos, las revelaciones y curaciones que Gilbert experimentó en la India son experiencias legítimas. A su vez, el yoga, una disciplina que ayuda y cura a millones de personas en el mundo, debería ser visto, hasta cierto punto, como un arte separado de tales escándalos. Tampoco creo que todos los gurús y maestros espirituales sean unos charlatanes, maltratadores o embusteros. Hay corrientes espirituales donde las enseñanzas se pasan de gurú a aprendiz y creo que siempre hay que respetar las creencias ajenas. El maestro hindú Neem Keroli Baba transformó la vida de Ram Dass, maestro espiritual norteamericano, quien, a su vez, ha influido en legiones de personas espirituales, en general, y de brujeres, en particular. Sin embargo, esto no debería utilizarse como excusa para no investigar, para tratar a personajes religiosos como seres fuera de la ley o no pedir que se rindan cuentas cuando es necesario. Hoy en día, el yoga existe en su forma más pura de arte milenario y como negocio, y mientras que el primero puede librarse de ser contaminado por lo que pase en el segundo, los practicantes de esta y otras disciplinas espirituales y mágicas debemos intentar elegir y consumir responsablemente. Los casos mencionados aquí, confirmados o no, piden a gritos un cambio en el mundo espiritual y nos instan a que elijamos a nuestros maestros con cuidado y conocimiento de causa. Para ello hay que aprender a distinguir lo que es una admiración sana de una adoración basada en el culto a una personalidad mitificada.

La carta de la arcana mayor conocida como El Papa —también llamada El Hierofante— es la que simboliza el concepto de enseñanza transmitida de maestro a aprendiz. Cuando aprendía Tarot, esta era la carta que menos me gustaba; en ella encontramos a un gran sacerdote de la Iglesia, sentado en un trono. También hay dos figuras, mucho más pequeñas en tamaño, postradas ante él. El sacerdote hace un signo de bendición y en la base de su trono están grabadas dos llaves cruzadas, símbolos de acceso a la sabiduría. Instituciones, conocimiento dogmático y religión eran algunas de las interpretaciones que se hacían de esta carta.

El Papa desprendía un olor a carcoma, a viejas tradiciones patriarcales. La jerarquía evidente en la carta me parecía opresora, su iconografía bastante carca, su imaginario pecaba de parcialidad cultural e histórica. Aunque en todas las cartas del Tarot hay símbolos religiosos —cristianos y judíos, sobre todo—, para mí El Papa estaba demasiado centrada en una institución real que había hecho mucho daño a personas que precisamente leían el Tarot; sentía que la misma Iglesia, que fue parte esencial de la caza de brujas, no tendría que encontrarse con un espacio representativo en la baraja. Precisamente porque la carta no me gustaba ni un pelo, empecé a investigar sobre ella, a intentar entenderla mejor y así darle un nuevo ángulo, uno que tal vez fuera más antiguo, primordial y auténtico que aquel que los creadores de las barajas tradicionales —la gran mayoría hombres, blancos y occidentales— pensaron para El Papa. Después de todo, el Tarot pretende compartir conceptos y energías universales, pero no deja de ser una creación humana influenciada por interpretaciones personales y contextos culturales. Por suerte, ya existían nuevas versiones de las cartas creadas en nuestro tiempo que ofrecían variaciones del tema visual original. Pero la intención de esta aún se me escapaba.

Para aprender Tarot a veces dibujaba un esbozo que intentara resumir cada carta, no porque quisiera hacer mi propia interpretación de la baraja, sino, más bien, porque al dibujarlas me resultaba más fácil asimilarlas. Sorprendentemente, El Papa no me resultó tan difícil de esbozar como había pensado; intenté relajarme, seguí mi intuición y el resultado fue un esquema con una calavera de la que salían hilos rojos, parecidos a las venas, de los que colgaban calaveras más pequeñas. Esta imagen te puede resultar un poco morbosa, pero, en realidad, solo eran unos trazos que captaban para mí la esencia de la carta más allá de la representación tan marcadamente religiosa de la original. Al ver este dibujo encontré mi propia interpretación de El Papa. En ella vi conocimiento transmitido a través de linaje. Linaje vinculado a algo parecido a la sangre pero que no se limita a individuos de la misma familia. En esta versión de El Papa vi el conocimiento pasado de generación en generación; de mentora a futura mentora de otras mentoras. En ella entreví un sistema que no es opresor o basado en la veneración del maestro; en su lugar descubrí que la carta también podía representar sistemas en los que el conocimiento se crea en colaboración, pasándose a aquellas que lo estudian sin necesidad de mantenerlo en secreto o de hacer de ello un instrumento de poder. En los que un linaje está basado en el respeto más que en el miedo, el amor sin absolutismo. En los que la crítica a tus maestras está permitida, así como el espacio para la individualidad, y nadie intenta venderte la idea de que unos pocos elegidos encarnan lo divino. En resumidas cuentas, en la carta que más detestaba encontré una de las primeras ideas que inspiró *brujeres*. Un templo polvoriento se convirtió en la representación de un paradigma diferente que, en realidad, es tan antiguo como nuestras primeras ancestras. La importancia de las guías, aquellas que te acompañan en el camino sin pedirte que te postres delante de ellas, me animó a buscar mis propias mentoras, mis maestras humanas de la sabiduría sagrada que existe en todo y en todas, que emana de cada una de las pequeñas cosas de nuestras vidas.

Durante el proceso de búsqueda de mis maestras aprendí que nadie es perfecto y que nadie va a poder guiarte en todos los sentidos. Todas nos contradecimos y todas estamos evolucionando constantemente. Para mí, la mejor mentora que puedes encontrar es aquella que ha pasado por lo mismo que tú, solo que te lleva unos años de ventaja. Alguien que ha sufrido tribulaciones parecidas, que conoce el sabor de tu dolor y la frecuencia de tu ansiedad, alguien que ha podido superar estos retos, que ha aprendido y está, pues, preparada para compartir ese conocimiento. Es más, hay que tener en cuenta que una maestra no tiene por qué ser para toda la vida. La persona más adecuada para guiarte hoy puede que no sea la que necesites en un futuro.

La clave, por tanto, está en la búsqueda. Esta es tan importante como los encuentros que nos proporcione. Es en ella donde nos perdemos para luego encontrarnos, y en la gran mayoría de los casos encontramos nuestra esencia cuando asimilamos la idea de que la maestra que más necesitamos no es otra que nosotras mismas.

Lo sé, esto suena a tópico pedante y algo cursi, pero no está falto de verdad. Una verdad que toda brujer, tarde o temprano, tiene que aceptar. Sobre todo en Occidente, la gran mayoría de las brujeres pertenecemos a una generación que se ha visto obligada a beber de otras tradiciones —las budistas, hinduistas o las chamánicas del centro y el sur de América— mientras rompemos o revisamos las nuestras, como, por ejemplo, el cristianismo más dogmático. Buscamos en extraños lo que nos faltó en nuestras familias y comunidades. Somos una generación que está aprendiendo a ciegas, y sí, es una putada, no lo niego, pero todo esto nos está preparando para quizá poder guiar a las brujeres que vendrán después. Todo lo que aprendas en tu camino va a ser útil, muy útil, para alguien, en algún momento, en algún lugar.

Si decides adentrarte del todo en tu brujerez, también tienes que mentalizarte de que gran parte de tu trabajo consistirá en revisar influencias espirituales que hayan marcado tu vida e iniciar las tuyas propias. Estás aquí para ser la maestrilla de tu librillo, la experta de tu camino y tus superaciones. Para ser brujer hay que empezar por darnos permiso para hacer de nuestras experiencias nuevas tradiciones e historias que inspiren a las demás. Tal vez estés pensando que no sabes por dónde empezar. Y este libro es un buen comienzo, pero en él solo intento empoderarte para que encuentres el *cómo*, de modo que el *qué* dependa de ti. Deseo darte una estructura para que seas tú quien la llenes de contenido y de significado. En la sección de ejercicios describo las pautas que recomiendo seguir, empezando por mirar al pasado, de dónde viene tu familia y cuáles son las prácticas religiosas, paganas y espirituales de tus lugares de origen. Como parte de este ejercicio también te recomiendo que mires el lugar en el que creciste y que intentes recopilar los recuerdos que tengas de leyendas o creencias mágicas asociadas con tu pasado. Es importante que investigues tu presente, el lugar donde vives ahora y cuál es la cultura que más influye. Como parte de este proceso tienes la opción de hacer un esfuerzo por vislumbrar cuál es tu cultura del alma. Por «cultura del alma» me refiero a esas culturas a las que no perteneces, que tal vez no hayas frecuentado o ni siquiera visitado, pero algo en ellas te atrae, te interesa e incluso te resulta familiar. Con ellas notas un vínculo motivado por la fascinación y la curiosidad.

Para mí estas culturas del alma son las orientales, en concreto las del este asiático, lo que antes se llamaba el Lejano Oriente. Esto me llevó a especializarme en estudios asiáticos, vivir en China y acabar trabajando en un museo de arte asiático.

Estas indagaciones en culturas del alma se deben hacer con cuidado y respeto, para no caer en lo que se denomina «apropiación cultural». Esta es la tendencia de adoptar y adaptar prácticas propias de culturas ajenas sin permiso, sin respetar sus orígenes y sin entender que, en muchas ocasiones, han sido expoliadas y utilizadas fuera de su contexto por el colonialismo más agresivo. A muchas personas de culturas oprimidas se las persiguió por sus prácticas espirituales, y ahora, cuando están de moda, las culturas opresoras mercantilizan esas mismas prácticas que un día prohibieron. Estudiar las expresiones espirituales de estas culturas que nos atraen y reflexionar sobre lo que nos enseñan en relación con nuestras personalidades, gustos y anhelos de brujer es un honor y, al mismo tiempo, una responsabilidad más grande de lo que *a priori* nos pueda parecer. Intenta, pues, definir tu propio código ético para evitar la apropiación cultural indiscriminada y adhiérete a él, sabiendo que deberás ir modificándolo a medida que ahondes más en tu conocimiento sobre esa cultura. Cometerás errores, pero no sientas vergüenza. Cuando eso pase, no te pongas a la defensiva: aprende del error y agradece la ocasión que esto te ha brindado para aprender y mejorar. Para abrir nuevas sendas espirituales necesitamos respetar las corrientes espirituales antiguas y, a la vez, distanciarnos de la apropiación cultural y del patriarcado disfrazado de conocimiento mesiánico, para así dirigir nuestra atención a filosofías más personales, empoderadoras y contextualizadas. En definitiva, el mundo necesita de nuevas ancestras, esas mentoras que a nuestra generación le costó tanto encontrar. Y tú, brujer, eres o puedes ser parte de este nuevo paradigma.

EJERCICIOS

Sigue tu intuición:

En el prólogo de este libro prometí que los ejercicios iban a ser sencillos. Sin embargo, hay capítulos en los que te voy a sugerir que trabajes un poco más de lo que tal vez esperabas. En esta ocasión a lo mejor sientes que te estoy pidiendo demasiado. No te agobies, tómate tu tiempo para encontrar la mejor forma de seguir estos pasos sin ponerte una fecha límite. Es esencial que en este proceso sigas tu intuición y estés atenta a las pequeñas o grandes sincronicidades que vayan apareciendo. En algunas tradiciones chamanísticas se cree que ciertas sincronicidades son mensajes de nuestros ancestros y/o guías espirituales. Ciertas creencias espirituales cuentan que estas señales vienen de tres en tres; por ejemplo, tres personas te recomiendan el mismo libro, lo acabas leyendo y ahí encuentras una respuesta a algo que llevabas tiempo buscando. Cuando esto sucede, no puedo evitar pensar que estos momentos tan sincronísticos siempre me saben a magia. Mi anécdota preferida sobre este tema es la del día que hice «la meditación de los animales guía». Hace unos años, yo estaba haciendo un curso sobre meditación y uno de los ejercicios consistía en una meditación guiada cuyo objetivo era entender la relación espiritual que tenemos con ciertos animales. Yo siempre había sentido mucha ternura por los pajarillos pequeños, sobre todo los gorriones, porque, cuando era pequeña, rescaté uno. En las culturas celtas los gorriones son los mensajeros que pueden viajar entre el mundo de los humanos y aquel que hay al otro lado del «velo», el de los espíritus. Según las leyendas y creencias místicas que aún perduran en muchas sociedades actuales, el velo es una frontera invisible que solo pueden ver o cruzar aquellos seres especiales —por ejemplo, pajarillos pequeños como los gorriones— o personas iniciadas, como las chamanas y curanderas. Durante la meditación, relajé mi mente, intenté no escuchar la voz del ego repitiéndome que esto era una soberana tontería y seguí la que me guiaba por diversas visualizaciones. Al final de la meditación, la misma voz me instaba a preguntar a mis guías espirituales —supuestos seres energéticos que siempre nos acompañan y cuya misión es orientarnos y protegernos— que me confirmaran de alguna manera si yo tenía algún vínculo espiritual con los gorriones. Hice como pedían y mi mente solo me dio un batiburrillo de sensaciones y pensamientos que reclamaban mi atención. No pude distinguir una respuesta clara a mi simple pregunta, me olvidé del asunto y decidí no darle más vueltas. Al día siguiente tenía que ir a trabajar, pero al llegar a la estación para coger mi tren habitual anunciaron que había una avería en las líneas de cercanías y la gran mayoría de los trenes iban con retraso o habían sido cancelados. Vivo en Gran Bretaña y aunque el mito de la puntualidad inglesa es eso, un mito, y los trenes siempre llegan tarde, nunca había experimentado tales retrasos. Así que cogí el autobús en lugar de esperar a que los problemas ferroviarios se solucionaran. Hacía años que no cogía ese número de autobús y, si bien iba a llegar tarde al trabajo, me encantó tener la oportunidad de contemplar, a través de la ventana, el típico paisaje inglés. Para mi sorpresa, de camino al trabajo vi una pequeña calle en un pueblo de la campiña inglesa que se llamaba Sparrow, «gorrión». Al salir del trabajo y coger otro autobús que me llevara de vuelta a Bristol, vi un taller de coches con un letrero bien grande que anunciaba su nombre, y sí, este también era Sparrow. Ya iban dos. Cuando llegué a la ciudad me fui directamente a casa de una amiga a tomar un café, y no pude evitar sonreír al ver el nombre que decoraba la taza de café que me servía mi amiga, Sparrow. Tres. Tres nombres, tres casualidades y un pajarillo.

Puede que lo que pasó aquel día fuera un simple truco de mi cerebro, que decidió focalizarse en aquello que mi subconsciente quería encontrar. En estos casos puede que detalles que antes se nos podían pasar por alto se realcen, encontrándoles así conexiones con nuestra vida que de otra manera no existirían. Sea casualidad, un proceso psicológico o nuestros guías comunicándose de una forma mágica y antigua, si aportamos cierta atención llena de curiosidad a tales sincronicidades, nos pueden llevar a sitios muy interesantes en la búsqueda de nuestra identidad espiritual. Nos presentan hilos que seguir que nos sacan de los laberintos de nuestros pensamientos infructuosos, nos muestran caminos de los que antes ni siquiera teníamos conocimiento, nos dan respuestas a preguntas que siempre habían estado en la punta de nuestras lenguas, sin haberlas podido formular. Las sincronicidades también pueden ser pistas que nos lleven a emprender empresas creativas y a conocer nuevas personas o bien simplemente a trazar un mapa hacia nuestro pasado y a conectar con nuestras ancestras.

Explora tus orígenes:

Este paso puede doler, no voy a engañarte. Tanto si tienes memorias traumáticas de infancia como si tu familia tiene un lado oscuro, explorar el pasado para encontrar tus raíces brujeriles puede que sea algo que no quieras hacer, y reitero que no hay ninguna obligación de hacer este u otros ejercicios del libro. Si te sientes preparada para embarcarte en los pasos que describo aquí, hazlo con la ayuda de tu gente, de un terapeuta o de un grupo de apoyo. Este proceso puede tardar años; en mi caso, yo aún estoy en él.

Formas de explorar el pasado:
- Haz tu genealogía.
- Habla con miembros de tu familia.
- Si tienes la suerte de compartir conexiones ancestrales con gentes que sí te han servido de inspiración y de guía, indaga en sus vidas e intenta recuperar su memoria.
- Prueba las constelaciones familiares.
- Lee libros de historia, tradiciones y leyendas de los lugares de origen de tu niñez y tu árbol familiar, si es que son distintos.

Investiga el presente:
Tal vez no vivas en el mismo sitio del que proviene tu linaje o en el que te criaste. En mi caso, mi familia viene del sur de España, de Extremadura y Andalucía principalmente. Pero yo me crie

en el norte, en Cataluña. Desde hace más de una década vivo en Bristol, el lugar que, si bien no es mi tierra, considero mi hogar.

Si tú también resides lejos de donde naciste o creciste, te recomendaría que adaptes los consejos del primer paso y los apliques a tu lugar de residencia, y así entenderás mejor las tradiciones del sitio donde vives ahora.

Por otro lado, también te insto a que aprendas más de las culturas del alma, aquellas por las que siempre te has sentido atraída.

Vislumbra tu futuro y aprende cuál es tu especialidad brujeril:

Durante tus investigaciones, te recomiendo que anotes en una libreta descubrimientos o imágenes que hayan llamado tu atención. Este proceso también te va a enseñar muchas cosas sobre hacia dónde quieres ir y quién eres como brujer. Por ejemplo, a lo mejor te das cuenta de que estás muy interesada en la medicina tradicional de los lugares que estás investigando, o en los rituales, o en la historia. Para ser brujer y futura ancestra no tienes que ser una experta en todo, basta con que sigas a tu curiosidad, a las sincronicidades y los *pings* que te encuentres en el camino; todos estos elementos te darán pistas sobre cuál puede ser tu especialidad brujeril, si es que quieres o necesitas una.

Mis principios éticos para evitar la apropiación cultural indiscriminada:

En el mundo en el que vivimos la apropiación cultural es casi inevitable. Lo cual no quiere decir que puedas abandonarte a esta práctica sin pensar o utilizar la siempre conveniente salida que nos proporciona el *spiritual bypassing*, término acuñado por el psicólogo John Welwood que se podría traducir como «evasión espiritual». No obstante, el concepto «evasión» no se ajusta del todo, en mi opinión; me parece más bien que se excusa en la espiritualidad para pasar de ciertas cosas o para permitir comportamientos poco éticos. «Apropiación cultural» define un fenómeno que tiene lugar cuando personas que se autoidentifican como seres espirituales —y, por tanto, bienintencionados— se dan carta blanca para hacer lo que les da la real gana. Apropiarse de aspectos de otras culturas y afirmar que «no pasa nada porque lo hago por espiritualidad», sería un claro ejemplo. Un ejemplo típico de *spiritual bypassing* es: «Soy tan espiritual y vivo tanto a otro nivel que no me hace falta hablar o saber de política, lo que pase en el mundo, en el terrenal y ordinario, no es cosa mía». O el clásico mensaje de: «Si algo malo te ha pasado es que no eres lo suficientemente espiritual».

Cuando afirmo que la apropiación cultural es inevitable es para dejar bien claro que, si sigues el camino de la brujer, tarde o temprano vas a cometer errores y a ponerte en situaciones embarazosas, así que alguien te va a dar un toque —con razón o no— sobre tus prácticas y tus creencias. Las contradicciones, apropiaciones y demás van a ser inevitables y, cuando se destapen, tendrás que responder a ellas con madurez, humildad y ganas de aprender. Disculparte si hace falta y pensar cómo podrías hacerlo de forma diferente la próxima vez también es importante, pero caer en el *mea culpa* tampoco es útil, lo que cuenta es el compromiso con un aprendizaje constante. La intención con la que se hagan las cosas es importante, pero las acciones lo son más.

Crear un código ético es un sencillo y útil primer paso para ayudarte a evitar caer en la apropiación cultural. En mi caso, su naturaleza es cambiante y muy personal. Cambiante porque constantemente estoy aprendiendo, y personal porque es mi decisión adoptar ciertas medidas que eviten acciones que no se corresponden con mis creencias.

A continuación, comparto dos puntos principales de mi código por si pueden servir de inspiración para que crees el tuyo propio. Son principios que te pueden ayudar a decidir, a tomar partido en el momento en el que te sientas perdida dentro del laberinto de la oferta espiritual actual.

- Para abastecerme de materiales espirituales o mágicos intento usar todo aquello que esté a mi alcance y que sea autóctono de la región o país en el que vivo, obtenerlos de forma sostenible en espacios naturales cercanos o comprarlos a artesanos o a pequeñas empresas. Por ejemplo, antes que comprar salvia o palosanto, cojo de la zona pequeñas cantidades de lavanda o romero, ¡ambos abundan en cantidad!
- La premisa de este libro es que todas podemos desarrollar nuestra magia, que tenemos a nuestro alcance, aprovechando nuestras capacidades y sin necesidad de gastarnos mucho —o nada de— dinero. Pero tal vez llegues a un punto en el que decidas que es importante para ti adquirir conocimientos de artes y tradiciones espirituales pertenecientes a otras culturas; por ejemplo, el chamanismo. En estos casos siempre recomiendo que, antes de tomar una decisión, compruebes si lo que quieres aprender está abierto a personas que se encuentran fuera de esa cultura. También es importante que aprendas directamente de las maestras que mantienen la tradición que has escogido, donando o aportando económicamente y aceptando sus condiciones sin imponer las tuyas.

En resumen (paso a paso):

✓ Sigue tu intuición.

✓ Explora tus orígenes. Tu pasado, tu presente, tu lugar de residencia y tu cultura del alma.

✓ Vislumbra tu futuro y aprende cuál es tu especialidad brujeril.

✓ Evita la apropiación cultural y crea tu código ético.

La brujer a través del espejo

Sabemos siempre que la respuesta ha sido el amor. La pregunta es cómo dejamos de olvidar la respuesta, para poder seguir viviendo nuestras vidas más plenas, más radicalmente impenitentes.

SONYA RENEE TAYLOR,
El cuerpo no es una disculpa

Dime, brujer, ¿puedes ponerte de cuerpo entero —desnuda o vestida— delante de un espejo durante unos minutos y no encontrar cosas que odies o que quieras cambiar? Si eres capaz, te pido que contactes conmigo, me encantaría saber cómo lo haces. Si, por el contrario, eres de las que no puedes contenerte y te cebas con todo aquello que consideras un defecto, entonces te pasa como a mí, y como a todas y cada una de las mujeres que he conocido en mis cuarenta años de vida.

Queriendo o sin querer, nos han criado para maltratarnos y criticarnos, inculcándonos un deseo constante de cambiar nuestros cuerpos. Y así, odiamos lo que nos da vida y nos ayuda a experimentarla, mientras consumimos productos creados para mantener y retroalimentar ese odio.

Sin nuestros cuerpos no podemos respirar, saborear las comidas que nos gustan, desplazarnos, dormir o abrazar a nuestros seres queridos. Somos seres conscientes de que le debemos todo al cuerpo y, aun así, lo vemos a veces como nuestro enemigo. Comemos de más y nos enfadamos cuando nuestro cuerpo engorda. Lo mismo puede pasar si adelgazamos o perdemos forma. Lo criticamos por ser lo que es y por responder a cómo lo tratamos.

Convertimos nuestro cuerpo en un campo de batalla para inseguridades propias y ajenas. Este es un problema que comparten la gran mayoría de los seres humanos, pero no hay duda de que las mujeres —esto es, aquellas que se identifican como tales— se llevan la peor parte. Es una trampa perfecta. En esta lucha diaria con nuestro cuerpo perdemos una energía valiosísima y, como consecuencia, apagamos nuestra magia. Esa magia que puede no solo hacerte más feliz, sino también más poderosa.

En los capítulos anteriores hemos tratado diferentes aspectos que definen y nutren lo que yo entiendo por magia. Como, por ejemplo, las capacidades de las que todas podemos valernos para transformar aspectos de nuestra vida; en concreto la importancia de conectar con nuestra intuición. También hemos ahondado en los entresijos de la abundancia y su relación con la creatividad. Este recorrido nos ha llevado a reflexionar sobre la necesidad de crear nuevas tradiciones que se puedan compartir con otras brujeres y futuras generaciones.

Pero ¿cuál es el hilo conductor, la materia prima, que ayuda a que nada de esto caiga en saco roto? ¿Cuál es el elemento que cohesiona todos estos aprendizajes? Ese elemento es la fuente de todo bien, es la energía que surge haciendo chispas durante esos segundos en los que te miras en el espejo y tu mente no encuentra nada que criticar. Hablo del amor, brujer, más concretamente de la autoestima. Amor radical, sin excusas, indestructible, aun cuando no esté siempre presente. El amor es aceptarnos a nosotras mismas, es poner nuestra energía allá donde nos sea más útil y ser capaces de querernos de forma sana e incondicional.

¿Si mejoramos la relación emocional con nuestro cuerpo, podremos curar todos los problemas de autoestima? Por supuesto que no. Quererse también es escucharse, aceptar la identidad y la personalidad de una misma, con fallos y defectos. Querernos es un acto de gran permeabilidad que va más allá del simple hecho de aceptar nuestro cuerpo. Sin embargo, es en lo más visible, nuestro físico, donde más se pone a prueba nuestra capacidad para amarnos. La relación con nuestro cuerpo puede ser síntoma y principio de la relación que podemos establecer con tantos otros aspectos de nuestro merecimiento. La poeta y activista Sonya Renee Taylor, creadora del movimiento Your Body Is Not an Apology (Tu cuerpo no es una disculpa), nos habla de la conexión que existe entre nuestros cuerpos, el merecimiento y la creatividad: «Nuestra relación con el dinero a menudo refleja nuestra relación con nuestros cuerpos. Cuando la relación que tenía conmigo misma pasó de estar basada en el miedo, la escasez y el déficit a una relación valiente, abundante, radical y de autoamor, posibilidades íntimas, posibilidades económicas y posibilidades creativas se desplegaron ante mí».

Todas sabemos que, cuando nos queremos, nuestra vida es mucho más plena, pero que llegar a ese punto no es nada fácil; el camino del amor propio se recorre cada día, una y otra vez, no hay un horizonte a la vista, solo una intención. Para ayudarte no te voy a pedir que te quieras, sino que te voy a invitar a que te comprometas a quererte. Puede que te parezca lo mismo, pero no lo es. Si te pido que te quieras y punto, te pido una acción sin matices ni escapatoria, y te encontrarás en medio de un dualismo (me quiero-no me quiero) destinado a una vida llena de frustraciones. Cada vez que percibas que no te quieres, sentirás que estás haciendo algo mal; es más, tal vez sientas vergüenza, la cual es, de por sí, un sentimiento paralizante y nada proactivo. Si, por el contrario, te pido que te comprometas a quererte, cuando puedas y cuando te acuerdes de hacerlo, juntas abrimos un espacio no para una petición imperativa, sino para un pacto basado en las complejas realidades de la autoestima. Cuando meditas es imposible que puedas frenar todos tus pensamientos, el truco consiste en aceptar que estás pensando aquello que estás pensando, lo dejes pasar y vuelvas a centrarte en el momento presente. De esta manera, la autoestima se convierte en un ejercicio continuo de perdonarte y volver a ese espacio de amor. Una y otra vez.

Fue la carta de Los Enamorados la que me dio la idea para este capítulo. Cuando se lee el Tarot desde una perspectiva de adivinar el futuro, esta carta se ve como un signo de que el amor está o va a venir a nuestras vidas. El amor al que esta interpretación se refiere es, de forma mayoritaria, el de carácter romántico. El hecho de que la carta nos muestre un ángel que sale del cielo abriendo los brazos a dos figuras terrenales, desnudas, que inequívocamente representan a Adán y a Eva no ha hecho otra cosa que reforzar la idea de que la carta es una alegoría del amor de pareja. Aunque hay tantas interpretaciones de las cartas del Tarot como personas que las lean, mi recomendación es siempre intentar ir más allá del significado tradicional y encontrar aquel que nos guía y empodera en nuestro viaje como brujer. Es por eso que yo leo esta carta como un recordatorio de lo que es el amor incondicional; uno que trasciende las circunstancias. Bajo este prisma, y cuando miramos esta versión de Adán y Eva presente en Los Enamorados, dejamos de ver una pareja y, en su lugar, encontramos dos aspectos, la energía masculina y la femenina, que forman parte de todas nosotras, y cuya unión es un todo que no tiene ni forma ni género. En esta carta veo la opción de aceptar quiénes somos en nuestra forma más fundamental. Te veo a ti, a mí y a todas las demás delante del espejo; es más, a través del espejo, donde trascendemos los prejuicios y encontramos nuestra esencia.

Todo empieza y acaba en ti y por ti, brujer. Y eso no es un acto de egoísmo, sino más bien de un realismo desvergonzado. Tu vida se experimenta en los rincones de tu cuerpo y a través de tus sentidos; tenemos en nosotras la capacidad de sentir lo finito y, al mismo tiempo, de adentrarnos en lo universal. El amor dirigido a nosotras mismas nos permite hacer de nuestra magia esa alquimia de las brujeres que todo lo puede transformar. Y todo empieza por ti, delante del espejo, aceptando lo visible, sonriendo a lo invisible y maravillada por tu propia existencia.

• EJERCICIOS •

Cómo fomentar tu amor propio:

Si en otras partes del libro he insistido en que cada práctica debe ser adaptada a las necesidades de cada brujer, aquí lo enfatizo con más fuerza. No existe una fórmula mágica para desarrollar tu autoestima, y lo mejor que puedes hacer es experimentar hasta encontrar aquello que mejor te funcione.

- Empápate de historia (biografías, *podcasts*...) de gente que haya tenido inseguridades o carencias parecidas a las tuyas y las hayan superado. Inspírate en sus logros, aprende de sus vivencias.
- Practica el amor benevolente, también conocido como bondad amorosa, una meditación de origen budista. Hay muchas

variantes de este tipo de meditación, lo esencial es que visualices cómo envías amor, primero a ti misma, luego a tus más queridos, allegados, seguido de gente que no te cae bien, enemigos y, para acabar, a toda la humanidad. Esta es una gran forma de entender cómo la autoestima no solo es necesaria, sino que es el punto de partida de todo tipo de amor.

- Cuando notes que estás entrando en un espacio mental donde la crítica, el resentimiento y la negatividad dominan tus pensamientos, te recomiendo que busques algo que te sirva de ancla. En mi caso, me centro en respirar y traer consciencia a lo que estoy pensando, recordarme que los pensamientos no tienen por qué ser hechos, y que, aun cuando lo que piense, pueda ser percibido como «verdad», pase lo que pase lo que yo me merezco es amor. Esa ancla puede ser una frase, un movimiento, una canción o un amuleto. Encuentra algo que te enraíce en el ahora y disipe todo aquello que no te ayuda o no te sirve.

- Elimina de tu vida todo lo que te haga sentir mal contigo misma. Por ejemplo, échale un buen repaso a la gente que sigues en las redes sociales. ¿Te inspiran o te hacen sentir fea, incapaz, gorda, etc.? Hay gente que nos va a dar envidia por su apariencia, vida, personalidad y carrera. Esa primera reacción es natural, lo que importa es cómo gestionamos el después. Si a la larga ver a esta gente en tu pantalla te paraliza y hace que salga en ti el ogro autosaboteador, déjalos de seguir, así, simple y llanamente (¿sabes lo fácil —y a veces liberador— que es dar al botón *unfollow*?). Si, por el contrario, te hacen sentir motivada de una forma sana, síguelos e intenta aprender de sus experiencias, pero siempre anclándote en tu propia autenticidad y sin querer copiar a nadie.

La brujer y la zona de confort

La vida es un proceso de convertirse, una combinación de estados por los que tenemos que pasar. En lo que la gente falla es que desean elegir un estado y permanecer en él. Eso es un tipo de muerte.

ANAÏS NIN,
*D. H. Lawrence: An
Unprofessional Study* (1932)

Has encontrado el trabajo que crees que querías, has tenido las aventuras sexuales y amorosas con las que habías fantaseado desde tu adolescencia, has viajado y, tal vez, incluso estés en un punto de tu vida en el que llegues a final de mes. Has reído y llorado, has pasado tribulaciones y has pagado tus tributos a la diosa de las guerras del corazón; ahora, tal vez te encuentres en un momento en tu vida donde las cosas están bien, en orden, que dirían algunos. Quizá hasta te sientas cómoda en tu isla de la eterna cotidianidad, en tu territorio del confort. Pero en la retaguardia de tu rutina hay algo escondido que está esperando, algo que rechina. No puedes identificar lo que es, pero está ahí: una idea a la espera de ser traída a la luz, para dejar de ser sombra y mostrarse en su verdadera forma.

En astrología se habla de un fenómeno llamado el «retorno de Saturno», que sucede cuando el planeta —que tarda entre veintiocho y treinta años en recorrer su órbita— vuelve a la misma posición en la que estaba cuando naciste. En la astrología tradicional occidental este gran planeta representa el capataz del tiempo, el maestro que sabe, con solo echar una mirada a nuestras vidas, en qué aspectos debemos madurar y cuáles son los errores que seguimos cometiendo, sin aprender de ellos. Saturno, en su retorno, nos lanza lecciones, obstáculos y en ocasiones situaciones traumáticas, y aunque sea doloroso, siempre lo hace para ayudarnos a crecer. Con Saturno no hay vuelta atrás, es como si, consciente o inconscientemente, le hubiéramos dado permiso para enseñarnos a base de palos. Saturno se puede quedar en esa posición de «retorno» unos dos años y medio, y, cuando por fin se abandona esa posición, puedes respirar, recuperarte y empezar a valorar todo lo aprendido.

Fue la gran profesora de Tarot Lindsey Mack quien primero me abrió los ojos a la energía captada en la carta conocida como El Carro. La carta número siete del Tarot está relacionada con el signo de Cáncer, y tradicionalmente muchos tarotistas la han leído como una carta que nos habla de voluntad, de tirar para adelante, y vaticina conseguir lo que uno quiere. Si miras la carta con la iconografía clásica de la baraja Smith-Waite, te encontrarás con una especie de caballero faraónico subido en un carro tirado por dos esfinges inmóviles. Siempre me pareció extraño que una carta que representaba movimiento se mostrara con un carro que no va a ningún sitio. Fue Lindsey con su increíble forma de leer el Tarot quien me hizo entender que, si bien esta carta puede significar todo lo que de ella siempre se había dicho, también puede —como todas las cartas del Tarot— hacernos a reflexionar e ir más allá. Fue entonces cuando empecé a ver esta carta de una forma diferente. Si entendemos que todo arquetipo tiene su luz y su sombra, El Carro también nos alienta a decidir si queremos quedarnos en el carro o salir de él y explorar nuevos territorios. Este fue uno de los momentos más importantes en mi aprendizaje de los arquetipos del Tarot y su aplicación en todos los aspectos de nuestra vida. Y, en uno de esos momentos epifánicos que tanto nos gustan a los estudiosos de lo espiritual, me di cuenta de que salir del carro podía equivaler, en energía y poder simbólico, al retorno de Saturno. Es decir, momentos en la vida donde elegimos un camino mucho más tortuoso, pero también lleno de situaciones y aprendizajes que, a la larga, nos van a ayudar a transformar aquellas partes de nosotras que necesitan madurar. Y no solo cuenta lo que suceda durante el periodo del retorno de Saturno, los pasos que das antes de que empiece se convierten en decisivos; esto es antes de que el retorno venga a por ti y te veas obligada a salir de tu zona de confort, algo que sucede en nuestras vidas en las que, sin saberlo, estamos dando permiso para que las cosas cambien. Puede que dejes un trabajo, te vayas a vivir a un lugar nuevo e inesperado o empieces a planear ese viaje del que siempre habías hablado. No es fácil discernir cuándo decidimos dar el primer paso, pero, a mi parecer, es entonces cuando damos permiso, a nivel energético, a que se abra una nueva etapa en nuestra vida. Una etapa que nos va a costar sudor y lágrimas, pero de la que, a la larga, saldremos más fuertes, sexis y sabias.

En mi caso ese «dar permiso» —el primer paso que facilitó un cambio de rumbo que transformó mi vida para siempre— ocurrió cuando rompí con mi novio de toda la vida. Estar con él hubiera significado seguir en el carro, cómoda y arropadita. Éramos buenos amigos, teníamos buenas relaciones con las respectivas familias, no nos peleábamos a menudo, compartíamos grupo de amigos… y aun así yo era infeliz —y creo que él también—, apenas teníamos sexo y nos habíamos ido distanciando en gustos, ambiciones y ritmos de vida. Aun así, romper una relación larga es como romper un ecosistema, un hábitat que nos proporciona seguridad y que nos es conocido. Sin importar lo difícil que sea, cuando ha llegado el momento, ese algo entre las sombras nos susurra que es tiempo de dejarlo, aunque no queramos hacerle caso y lo ignoremos durante meses e incluso años. La alternativa es complicada, desordenada y dolorosa. Y es normal, porque a una ruptura le sigue un esfuerzo tremendo de diplomacia, diálogo, reajuste y aceptar el arduo equilibrio entre alivio y nostalgia. En mi caso, lo que siguió a esa ruptura fueron los años de convulsión más brutales de mi vida. ¿Te suena de algo esto, brujer? ¿Cuántos de estos momentos has pasado en tu vida?

Cuando lo dejamos, me fui a vivir a China con una beca. Allí me dejé ir como nunca, salí de fiesta como una loca y me perdí en nuevos y oscuros recodos de las partes más irresponsables de mi ser. Aparecieron ante mí territorios remotos de mi psique que ni siquiera sabía que existían. Me enamoré de alguien que supe desde el primer momento que no sería una relación destinada al final feliz *made in Hollywood*. También sobreviví a un terremoto y a un episodio horrible en un ascensor que casi acaba en violación. Me acostumbré a vivir entre la depresión y el éxtasis; sentimientos opuestos, a cual más adictivo que el otro. Todo esto de una forma que se escapaba tanto a mi control que aún, cuando recuerdo esos tiempos, puedo sentir la palpable y permeable sensación de asfixia que una siente cuando se abandona al furor del caos.

Y esto no fue como en las películas, cuando la heroína abandona el lugar, rompe con la persona que no le hace ningún bien y una gran revelación da paso a los títulos de crédito. A diferencia de una obra de ficción, nada de esto acabó cuando volví de China. Primero en Barcelona y después en Bristol, me esperaba otra serie de aventuras tan increíbles como difíciles hasta que, aun cuando no estaba preparada para encontrarme, me di permiso para empezar a buscarme. Fue entonces cuando todos los aspectos de ese caos empezaron a aposentarse, como plumas en el suelo después de una lucha de almohadas. Claro que, tras toda fiesta de pijamas, al día siguiente siempre te toca barrer.

Cuando estás en el ojo de un huracán vital no puedes percibir nada con claridad, vives tu día a día sin ver lo obvio: que tu mente está casi siempre en un estado constante de supervivencia. Hay algo en ti que abraza esa inercia y que recibe un subidón hormonal suministrado por ciertos aspectos del drama que estás viviendo —por ejemplo, el chute que proporciona hablar incesantemente de lo que ha hecho o dicho el perro del hortelano que tienes por objeto de tu devoción—. Al mismo tiempo, otras partes de ti intentan escapar del trauma y sus ramificaciones, pero sin atreverse a mirarlo a la cara.

Creas o no en la astrología, es bueno mirar cuándo coincide tu retorno de Saturno —en internet puedes encontrar páginas que calculan los años en los que esto va a suceder o ha sucedido—. Si eres joven y aún no te ha llegado, puedes reflexionar cuáles son los aspectos de ti que deberían madurar, tanto en tu vida como en tu personalidad. Si ya lo has pasado, considera en qué momento de tu vida te encontrabas, cómo lo pasaste y qué lecciones coleccionaste. Recuerda que echar un vistazo a los retos del pasado es un buen ejercicio para darnos la confianza que necesitamos en el momento presente.

No es coincidencia que trate este tema en el último capítulo de la primera parte de este libro, porque la segunda parte se puede equiparar a las lecciones del retorno de Saturno. En los siguientes capítulos vamos a navegar nuestras aguas turbias y profundas con más honestidad. Vamos a destapar esa versión de ti que tu alma pide y tu mente se resiste a reconocer.

En el capítulo «La brujer y la abundancia» indicaba que conseguir prosperidad no es el destino final de la brujer, ya que la vida no solo es para ganar, sino también para perder, recuperarse, volver a levantarse, ganar y perder otra vez. Y con cada pérdida valorar no solo las ganancias, sino lo que hay más allá de ellas. Es este conocimiento el que nos lleva a la energía que aquí te detallo; la de dejar algo atrás, por más difícil que sea, si a la larga no nos llena. Es en nuestras jodiendas donde se esconden las oportunidades para desatar la verdadera abundancia de la vida y el espíritu.

No estamos obligadas a salir de nuestra zona de confort, una se puede quedar ahí durante toda la vida si es necesario. Nadie te va a juzgar si te quedas donde estás. No hay nada malo en querer pasar un rato —o una vida— tomándote un descanso de tanto aprendizaje. Es cansado, lo entiendo. Pero no creo que sea una coincidencia que, entre las brujeres más inspiradoras que conozco, algunas han salido del carro cuando estaban preparadas y a la mayoría las sacaron a patadas. Sea como fuere, todas salieron de su zona de confort.

Al principio de este libro hablaba de cómo empezar a transitar la senda de la brujer se puede comparar al viaje, figurativo o real, de muchas heroínas de ficción. Y ahora, al final de la primera parte, vuelvo a hacer referencia a ese punto, que no es lo mismo que volver al principio. Este es, más bien, un segundo salto al vacío. Esta primera parte ha intentado proporcionar una colección de armas mágicas, tales como la intuición, la creatividad y la autoestima. Estas te van a servir para todo, pero especialmente te van a ir de perlas cada vez que bajes del carruaje.

Desde que leí *Mujeres que corren con los lobos* no puedo evitar pensar en los cuentos de hadas desde un punto de vista distinto a las lecturas tradicionales basadas en moralinas al final de cada fábula. Ahora leo estos relatos con una perspectiva mucho más simbólica y psicológica; cada personaje es un aspecto de nuestra psique. Los cuentos están llenos de pactos. Pactos con el diablo, las brujas, las hadas madrinas y los duendes. Estos tratos, tal y como yo los veo, son metáforas de pactos que hacemos, consciente o inconscientemente, con nosotras mismas. Algunas de estas promesas nos llevan a autoboicotearnos, otras nos ayudan a empezar una nueva aventura. Y, justo cuando nos pensábamos que habíamos superado todo lo que podíamos superar, aparecen más obstáculos.

En el momento de escribir este libro estalló el covid-19. Una pandemia que ha matado a millones de personas, ha destrozado familias y ha puesto en crisis economías personales y globales. Un efecto dominó que ha sacado a relucir los defectos de nuestros sistemas y ha puesto a prueba nuestra paciencia, compasión y solidaridad. Ninguno de nosotros pidió una pandemia o albergó un deseo de vivir con las consecuencias de esta. La magia de la que hablo en este libro no nos asegura que nunca nos vaya a pasar nada malo, pero sí que nos puede ayudar a navegar por esta vida maravillosa y cruel.

Todo lo que has aprendido hasta ahora —en este y otros libros, y con tus experiencias vitales— te ha traído hasta este punto. Puedes dejar de leer, tomarte unas vacaciones o releer los primeros capítulos. Puesto que, cuando pases página, vamos a hablar sobre aquello de lo que eres capaz como brujer, sobre qué hay más allá de nuestros miedos y sus profundidades y, en especial, sobre cómo afrontar esta etapa con amor y mucho coraje.

De forma parecida a la del ejercicio recomendado en el primer capítulo, echa un vistazo retrospectivo a tu vida, reflexiona y escribe sobre los momentos vividos que sean parecidos a los descritos en relación al retorno de Saturno. Intenta hacer una lista de:

- Las lecciones aprendidas y cómo has evolucionado desde entonces.
- Las pequeñas victorias vividas. Si aún no lo has hecho, asegúrate de pensar en las formas en las que puedes celebrar estos logros.
- Recuerda con cariño lo superado y, si aún duele, no dudes en buscar apoyo.

SEGUNDA PARTE

¿De qué es capaz la brujer?

Cuando una brujer va más allá de su zona de confort
se convierte en un torbellino multidireccional.

La brujer explora su fuerza interior y se atreve
a ver qué hay más allá de sus miedos.

La brujer es capaz de ver lo que otras ignoran,
escuchar lo que otras acallan.

La brujer es capaz de transformar el dolor en aprendizaje.

La brujer es capaz de ponerlo todo en entredicho,
incluso a ella misma.

Y así desbanca sistemas, transforma ideas.

La brujer y el coraje

Hoy escojo el coraje por encima del confort.

BRENÉ BROWN,
en su documental
Brené Brown: Sé valiente

Si estás leyendo este capítulo y no has tirado el libro por la ventana al leer el último capítulo de la primera parte, tal vez signifique que has decidido salir de tu zona de confort o que, como mínimo, lo estás considerando. Por el contrario, puede que no te apetezca nada salir del territorio de la comodidad y simplemente hayas seguido leyendo por curiosidad. Quizá ya seas una brujer versada en bajarte de carros y en saltar abismos. Seguir leyendo no te enseña nada que no hayas vivido ya, más bien es posible que en mis palabras entreveas un reflejo de tu historia. Un poner las cosas en su sitio, un consuelo y motivación en una experiencia hermana.

Sea cual sea tu aproximación al empezar la segunda parte de este libro, salir de aquello que nos hace sentir cómodas y seguras no es fácil. En los siguientes capítulos te invito a revisar temas complicados del alma y de tu identidad. Esta es una parte corta, sin muchas florituras, pero, como todo nudo en cualquier historia de ficción, es aquí donde todo se cuestiona, donde el protagonista se da cuenta de que si no cambia algo, no podrá alcanzar el desenlace de su historia.

La vida ya es complicada de por sí, ¿por qué tendríamos que complicárnosla más? Porque vale la pena. Tal vez tengas hambre de más, aunque ese «más» sea difícil. Lo fácil también puede ser aburrido, ya que las brujeres se forjan en sus experiencias y casi nunca en la complacencia. Salir fuera de esos límites artificiales y autoimpuestos es una invitación a despertar tu magia y a llevarla hasta nuevos niveles.

Explorar más allá de las fronteras vitales que te son conocidas es como adentrarse en un bosque o en una jungla densa y oscura. Habrá momentos en que estarás asustada, y otros en los que simplemente estarás maravillada por la belleza salvaje que te rodea. Como en toda aventura a lo desconocido, lo importante es que estés bien equipada para sobrevivir. Los recursos presentados en este libro, la gente que te quiere, tus experiencias y tus habilidades son parte del equipo que te va a ayudar a adentrarte en lo salvaje.

Estás preparada para adentrarte en la jungla. ¿Y ahora qué?

Hay que dar el primer paso hacia nuevos territorios, y ese se da con un recurso que, si bien no he mencionado aún, es uno de los más importantes: el coraje. Una cualidad que, bien entendida, puede maximizar tu magia en todas las situaciones de la vida.

Y hablo de coraje en lugar de valor, porque el coraje viene de la palabra «corazón», el órgano que en el mundo occidental asociamos a los sentimientos y, más concretamente, al amor. Con coraje no me refiero a ese valor atribuido a los caballeros y a los héroes armados para la batalla, más bien al coraje insuflado de energía femenina. Un coraje abierto, ni atacante ni tampoco pasivo, conectado con tus sentimientos, que se basa en la vulnerabilidad y se traduce en fuerza. La fortaleza del corazón que no se impone, sino que deja fluir; que no destruye, sino que alimenta y transforma.

¿Fortaleza que viene del corazón? ¿Coraje como vulnerabilidad? *A priori* te planteo conceptos que podrían parecerte paradojas. En un mundo donde la fuerza se impone, los territorios se conquistan y las batallas se ganan aniquilando al enemigo, entender la fuerza y las agallas como pertenecientes al reino del corazón, los sentimientos y la vulnerabilidad esconde una de las lecciones más importantes para la brujer.

La brujer, tal y como yo la concibo, ve el mundo a través de energías y arquetipos. La brujer entiende que toda acción, cosa o idea tiene su parte de luz y de sombra, y debemos aprender a distinguir la una de la otra. Ambas son necesarias, ambas se comunican y se nutren mientras anhelan un punto medio en un mundo dominado por los extremos. Las brujeres son tanto hacedoras como guardianas de ese equilibrio.

Cuando en el tercer capítulo, «La brujer y la creatividad», hablaba de cómo nuestra creatividad se traduce en una acción positiva que nos permite mostrarnos como somos y así tomar espacio en este mundo, no hablaba de competir, machacar y tomar espacios ajenos. Más bien presentaba una forma solidaria, compasiva y empoderadora. Aquí sucede lo mismo: demasiado coraje y nos volvemos temerarias, demasiado poco y tendemos a huir de los problemas. En este juego de luces y sombras, la brujer se convierte en la alquimista que siempre había estado destinada a ser. Y en este paradigma las brujeres tomamos conceptos que el patriarcado tornó oscuros para el beneficio de unos pocos y les aportamos claridad para el beneficio de muchas.

La carta del Tarot que es el punto de referencia para este capítulo es La Fuerza. Si observamos la iconografía típica de esta carta vemos una de las más claras representaciones del concepto de fuerza como coraje. Una mujer coronada con el signo de la eternidad, ataviada con un vestido blanco, y con una sonrisa suave y atenta abre la boca de un león. El león es grande, pero su pose denota docilidad. Parece un gatito grande y sumiso bajo el poder de esa brujer que lo ha sabido vencer sin armas o armadura. Esta es una alegoría de cómo, cuando nos enfrentamos a nuestros miedos, sin atacar o ponernos a la defensiva, estos nos muestran que no son tan peligrosos como nos pensábamos. No todos los miedos son iguales, algunos son reales y destructores, la gran mayoría de los miedos albergados en nuestra mente y corazón se tornan inofensivos una vez decidimos afrontarlos. Esto es el coraje de verdad, y para llevarlo a cabo hay que quitarse de encima esas excusas de las que hacemos uso cuando nos dominan miedos que no queremos admitir. El antídoto para tales resistencias es la vulnerabilidad.

Y recuerda, la vulnerabilidad no es una debilidad, aunque a menudo se nos diga lo contrario. Brené Brown —investigadora, profesora y experta en temas tales como el coraje, la vergüenza y la vulnerabilidad— explica que la definición de «vulnerabilidad» es incertidumbre, riesgo y exposición emocional. Brené nos recuerda que la vulnerabilidad no es una debilidad; es la forma más precisa que tenemos para medir el coraje.

Así pues, no hay magia sin coraje. Sin esa fuerza, brujer, nos estamos conformando con sucedáneos. Es en esa vulnerabilidad sazonada de honestidad y empatía donde la brujer puede empezar a entender su propia fuerza para así empezar a utilizarla, y es con coraje como la brujer deja la zona de confort, se convierte en la misma jungla que ha decidido explorar y le pregunta a ese viento salvaje que habla con el lenguaje de mil ramas danzando y hojas agitándose: «¿Y ahora qué?».

Haz una lista de todos los miedos que has superado en el pasado. En una columna al lado de cada miedo describe cómo los superaste y en una tercera columna apunta cómo se transformaron y qué lecciones te enseñaron. Si estás preparada, haz una nueva lista con tus miedos actuales, al lado escribe qué tipo de apoyo crees que necesitas para superarlos y enumera acciones que te podrían ayudar. Revisa la lista a menudo y, más adelante, compagina este ejercicio con el de los recomendados en el capítulo «La brujer y la luna».

La brujer y la soledad

La soledad siempre me había parecido un lugar real, como
si no fuera un estado, sino más bien un espacio adonde podía retirarme para ser quien de verdad era.

CHERYL STRAYED,
Salvaje

Si piensas en todas las veces que has hecho algo completa o remo-
tamente brujeril —me refiero a horas leyendo y explorando tu
magia, escribiendo en tu diario, meditando, haciendo algo creativo, desarrollando tu intuición y, sobre todo, dedicada a actividades
menos placenteras, como luchar contra tus propios fantasmas—,
estas acciones seguramente tienen en común que las hiciste sola.

Aunque le pongamos resistencia, esa soledad es casi inevitable,
porque la brujer teje y repara su magia en los ratos a solas. La soledad no es un castigo, es una maestra; es el territorio, esa jungla
interna, en el que desarrollamos la paciencia requerida para la vida
de la brujer. Un lugar que no requiere de espacio, pero sí de sentimiento e intención. La brujer también encuentra la soledad en
los momentos más sociales. Porque, aun cuando goces de amista-

des que participan de caminos similares al tuyo, pronto descubrirás que no todo el mundo va a estar en la misma frecuencia que tú. Esos libros que leas, grandes revelaciones que tengas, trucos que descubras, etc., pueden ayudar a muchas personas, pero a veces no encontrarán el recibimiento que esperabas cuando los compartas y tendrás que macerarlos en soledad hasta que halles los momentos o las personas con las que puedas compartirlos de nuevo.

En estos últimos años he aprendido a vivir entre sentimientos encontrados, tales como sentir satisfacción por cómo mi vida se estaba desarrollando y la soledad que esta a veces provocaba. La brujer se puede sentir sola cuando, al despertar a una nueva forma de hacer las cosas y de interactuar consigo misma, se abre a un universo de lo propio que, posiblemente, se contradice con el modo de vivir de los demás, aceptando un trabajo que, la mayor parte del tiempo, exige introspección. Salir de lo conocido es una invitación a entrar en lo más vulnerable e inquebrantablemente único que hay en ti. Y de ahí la soledad.

La soledad revela lo que ignoramos en nuestras vidas diarias. Sin distracciones externas, el interior se calma y escucha de una forma distinta. Adentrándonos en la soledad todo se siente con más intensidad, se revela con menos parafernalia. Este estado nos fuerza a ver patrones, creando un espejo que nos muestra a nosotras más auténticas, sí, pero también más desnudas. Nos ofrece un lugar donde no tenemos que actuar para nadie; no hay expectativas y sus consecuentes desilusiones. Salimos del escenario, bajamos el telón, contemplamos la oscuridad nacida de nuestro silencio y nos permitimos conectar con nuestra intuición. Así pues, te invito a que no solo escuches tu voz interior, sino que la entrelaces con todas y cada una de las lecciones que hayas ido acumulando, y dejes que te desvelen nuevas verdades.

Retirarse no tiene por qué ser solo un acto físico; de hecho, lo más importante es que esta acción sea, por encima de todo, un estado mental. No esperes a esas vacaciones que nunca tomas o a ese retiro que siempre dices que vas a hacer sola, pero que nunca haces. Cada vez que sientas, intuitivamente, que ha llegado el momento de volver a ese espacio de soledad, date permiso para entrar. El darse permiso es uno de los trucos mágicos más infalibles de la brujer. Nos sirve para el tipo de soledad buscada que menciono aquí, pero también para tantos otros actos mágicos mencionados en este libro.

Cuando reclamamos la soledad, también hacemos nuestro un tiempo —el que pasamos trabajando en asuntos brujeriles— y un espacio —el que necesitamos para hacer dicho trabajo— que siempre nos han pertenecido y que pocas veces recordamos que nos pertenecen.

El permitirnos hacer con nuestro espacio y nuestro tiempo lo que nos pida el cuerpo es un acto de coraje, ese fiel compañero en el viaje vital de la brujer. Por tanto, concédete el regalo para encontrar tu soledad, sea la que sea, con la misma soltura con la que en tantas ocasiones aceptas salir de ella.

Esto no es lo mismo que forzarnos, pues la mayor parte de las veces permitirse acaba teniendo un efecto mucho más poderoso que forzarse. Así que la próxima vez que quieras dejar algo o a alguien atrás, no te fuerces, simplemente, déjate hacerlo y verás la sutil, pero mágicamente efectiva, diferencia entre una y otra acción.

Cuando la soledad nos pasa factura, es necesario parar y unirnos a los demás sabiendo que en los momentos que hemos estado solas nos dedicamos a nuestra magia y a explorar nuestra jungla. No hay duda de que el camino de la brujer puede ser solitario, pero esa soledad nos prepara para un día, tal vez cercano, en el que podamos compartir los tesoros que hemos ido encontrando en nuestros momentos de recogimiento.

El Ermitaño es la carta del Tarot que mejor ejemplifica este trabajo en solitario del que aquí hablo. En la representación más convencional de esta carta encontramos el arquetipo de hombre sabio, aquel que se retira de la sociedad para alejarse de todo y concentrarse en encontrar a Dios, la iluminación espiritual o a ambos, dependiendo de la tradición religiosa o mística a la que se pertenezca. En barajas de Tarot diseñadas en las últimas décadas encontramos que, a veces, la carta de El Ermitaño es representada por una mujer. En una de mis barajas preferidas, la Motherpeace Tarot (1981) —una de las primeras que decidió reinterpretar los arquetipos clásicos con un enfoque más multicultural y feminista— la carta número 9, que tendría que enseñar la figura de un ermitaño, se llama The Crone (La Harpía) y nos muestra a una mujer mayor cubierta por una capa y un bastón de andar, parada en un camino delante de una pequeña estatua de Hécate —de quien hablamos en «La brujer y la intuición», la diosa griega de la brujería y las harpías—. En esta versión, el eremita es una brujer peregrina que está sola y al mismo tiempo está en marcha. No está escondida, sino que lleva a cabo su misión para encontrar las grandes respuestas de la vida. La harpía, en su faceta de mujer mayor y sabia, siempre vuelve a nosotras después de sus andaduras por caminos remotos y desiertos lejanos. Cuando ha regresado, está preparada para compartir con nosotras secretos tales como aquello que su corazón le explicó durante los momentos de quietud y silencio y lo que el viento le confesó cuando tuvo tiempo de pararse y escuchar.

La soledad nos brinda oportunidades para encarnar esa sabiduría antigua que está en todas nosotras y conectarnos con esa maestra que sabemos que somos y que siempre fuimos. Nos convertimos en la mentora, para guiarnos, primero a nosotras y luego a las demás.

A estas alturas del libro, tal vez te hayas dado cuenta de que muchas de las armas de brujer son conceptos ambivalentes, controvertidos o simplemente mal vistos por la sociedad actual. Si ahondamos bien en lo que de nosotras pide el mundo, nos damos cuenta de que la soledad no está, precisamente, aceptada o apoyada por casi nada o nadie. Muchas hemos interiorizado esa creencia de que el éxito de nuestra vida se mide por la abundancia de nuestra vida social, y hasta cuando estamos solas nos rodeamos de distracciones en forma de móviles, Netflix o quehaceres. Estar ocupadas nos da estatus, distraernos nos sube la dopamina y charlar a través de WhatsApp cubre las grietas de nuestra autoestima. El ser humano necesita conexión, de eso no hay duda, pero la brujer precisa de su soledad y todas necesitamos de más brujeres que hayan entrado y salido de ella. No es casualidad que en la mayoría de los templos haya poca luz y silencio, pues esa atmósfera es la que tu mente necesita para encontrar la soledad sana, creativa y curadora. Así pues, cierra los ojos y escucha los ecos de tu silencio, porque en ellos te adentras en tu jungla, en ellos encuentras la maestra, en ellos te encuentras a ti.

• EJERCICIOS •

Encuentra tu soledad:

Como ejercicio, te invito a que intentes reservarte una hora a la semana para no hacer nada. Simplemente, tírate en la cama y mira al techo o sal a caminar sin ir a ningún sitio. Puede ser una hora en la que normalmente estarías viendo la tele o socializando. Intenta entender cómo te sientes cuando no haces nada. No te impongas expectativas. Poco a poco verás cómo la calidad de estos momentos a solas se puede trasladar a otros instantes del día; cuando vas en transporte, vas a trabajar e incluso entre amigos.

Por último, te pido que reserves algo de tiempo para crear o dedicarlo a tus prácticas espirituales (tales como los ejercicios de este libro). Me refiero a ratos en los que normalmente solo harías cosas que se podrían considerar prioritarias e importantes. Resérvate este tiempo sin culpabilidad y, si es necesario, busca ayuda. Ya verás como no se acaba el mundo.

Aprender a decir que no:

Ya hablamos de la importancia de decir «no» en la primera parte del libro. No a ir al bar cuando tienes que hacer un curso, no a ir de fin de semana cuando quieres pintar. Practica: no. Noooo. ¡No! A mí me cuesta horrores decir que no. Conozco a algunas mujeres con una facilidad natural a la hora de imponer sus límites. Las admiro, a veces las he juzgado motivada por el resentimiento, hasta que entendí que era mi responsabilidad ahondar en los motivos por los que me da miedo decepcionar a la gente. Si bien te puede parecer inconcebible, la gran mayoría de veces a la gente le da igual si dices que no. Por supuesto hay *noes* y *noes*. Una cosa es decir que no a ir de cócteles y la otra no visitar a tu amiga cuando está en el hospital. La intención y el motivo son importantes y hay que tenerlos en cuenta.

Te aconsejo que pruebes esto con un par de personas de confianza, aquellas con las que te sientas cómoda, que sepas seguro que te van a querer aunque no vayas a su cumpleaños. Explícales que quieres fortalecer tus límites y tener más tiempo para ti, que no te insistan y que te ayuden a practicar tus noes. Cuando hayas practicado lo suficiente y te sientas segura, empieza con gente más complicada. Sé amable, pero también tajante; sé educada, pero no te justifiques. No y punto. Cuando puedas estar al cien por cien para esas personas, ahí estarás. Pero ahora no puedes. Punto. La gran mayoría de la gente te perdonará, otros tal vez hablen a tus espaldas, algunos se enfadarán… ¿Sabes qué? Ese es su problema. Recuerda que toda brujer necesita en su vida gente que apoye sus proyectos, sus sueños y sus noes.

• •

En resumen (paso a paso):

✓ Encuentra tu soledad:

- Primero con tiempo para no hacer nada.
- Luego traslada el tipo de calidad que te aportan esos momentos a otros instantes del día.
- Más tarde bloquea ratos para dedicarte a ti en los periodos más ocupados del día.

✓ Aprende a decir que no:

- Empieza por practicar con gente que conozcas y con situaciones fáciles.
- Continua con otras personas y en todo tipo de circunstancias.

La brujer al borde de un ataque de nervios

> Estaré calmada. Seré dueña de mí misma.
>
> JANE AUSTEN,
> *Sentido y sensibilidad*

Es una verdad universalmente reconocida que toda mujer, tarde o temprano, va a tener que aprender a ir con el *flow* de aquello que nos sucede para evitar vivir en un estado constante de agitación.

La magia es energía, y los opuestos no tienen por qué ser malos, pero todo aquello que te quite energía y no te dé nada a cambio es un enemigo de tu brujerez. Si bien la magia de la brujer puede florecer entre contrarios aparentes —como la soledad y la vida social o la energía masculina y la femenina—, hay tensiones con las que nos vemos obligadas a vivir que agotan nuestra energía y que son fundamentalmente insanas. Hablo de contradicciones provocadas por el capitalismo más despiadado, entre ellas el hecho de que a las mujeres se nos exige la perfección y, al mismo tiempo, somos objeto de críticas despiadadas si la gente piensa que nos creemos perfectas.

La imperfección, a su vez, también puede ser reprobada sin pie-

dad. Lo mismo se puede decir de la confianza y, su prima hermana, la autoestima. Se nos puede ver como putas o se nos tacha de
vírgenes. O se nos endosan un sinfín de responsabilidades y se
nos obliga a ser eternamente jóvenes. Hay que ser solícitas, pero
también independientes. Es en estas tensiones donde la mujer
vive al borde del abismo: entre el bienestar mental y la locura,
como una trapecista mareada sobre una cuerda invisible.

Por desgracia, estas presiones no van a desaparecer simplemente porque dejemos de normalizarlas. No obstante, si hay algo de
lo que la brujer es capaz —y es algo tan mágico como la intuición o la creatividad— es de tomarnos las cosas con perspectiva.
La perspectiva: ese inesperado superpoder que nos permite ver
las cosas con distancia y aportar nuevos puntos de vista, y así li-
berarnos de esa maldita cuerda invisible.

En la tradición pagana inglesa encontramos la *hedge witch*,
traducida a veces en castellano como «bruja solitaria». Este es mi
tipo de bruja preferido. «*Hedge*» se puede referir a «cerco», «seto»
o «cobertura» y, en este contexto, se refiere al límite natural, a
los cercos naturales en forma de arbustos que circunvalaban los
núcleos habitados que antaño separaban los pueblos de los bos-
ques, la civilización de lo salvaje, lo conocido de la jungla. Estas
brujas vivían justo detrás de esos límites. Como yo la veo, la *hedge witch* no solo vivía inmersa en la naturaleza para refugiarse y hacer su trabajo, estas mujeres habitaban en espacios que
les permitían crear una distancia sana entre ellas y la sociedad
y sus normas. La bruja o brujer sabe observar, aprende del comportamiento humano y utiliza tal conocimiento para desarrollar
su magia y sanarse a ella misma y a los demás. Estas brujas par-
ticipaban en la sociedad, a la vez que se permitían la distancia y
la perspectiva necesarias para convertirse en guías de aquellos
que no podían ver con claridad los males sociales que los rodea-

ban y poseían. No es casualidad que muchas *hedge witches* fueran también conocidas como las *cunning women* («mujeres astutas»), un arquetipo muy parecido al de la harpía.

Para entender este tipo solo hay que recordar a las brujas sabias en la cultura popular, como aquellas de tantos cuentos, libros y películas, que viven en cabañas de montaña, esperando a que alguien acuda a ellas —o, como en el caso del cuento «Hansel y Gretel», que caigan en su trampa—. Uno de mis ejemplos preferidos es la bruja Zeniba, cuyo nombre en japonés se puede traducir como «vieja bruja», de *El viaje de Chihiro*, que vive en su cabaña en el pantano, temible y poderosa, pero también sabia y justa. Asimismo, este arquetipo lo encontramos en los lugares más insospechados, como en la sabia Montaña Basura de *Fraggle Rock*, quien vivía al otro lado del jardín, bajo la verja, y a la que acudían los pequeños *fraggles* para pedir consejo. Si pensamos en estos ejemplos, vemos cómo todas estas mujeres comparten el vivir solas por elección y esa actitud de estar un poco por encima de todo.

Así pues, la brujer adopta de la bruja cierto aire de misterio, el grandioso e insospechado don de la perspectiva y atemporalidad insuflada de ironía. La perspicacia de la brujer es una forma de supervivencia y una cualidad terapéutica, en tanto que nos permite tener cierto desapego con casi todo lo que pase a nuestro alrededor. Desapego que nos enseña que todo pasa, que nada es permanente. Concepto sencillo, sí, pero nada fácil de aplicar.

Por eso hay prácticas y rituales que nos ayudan a practicar ese desapego, a volver a un sitio dominado por la perspectiva cuando perdemos el norte. Una de las costumbres que más nos ayudan —practicada por brujas y mujeres sabias de todo el mundo— es la de observar y trabajar en armonía con los ciclos. Los ciclos del cuerpo femenino, los ciclos de las estaciones, del día, del cosmos y de la vida. Tanto si una bruja trabajaba —o trabaja— como curandera, adivinadora o comadrona, los ciclos eran, y son, una herramienta fundamental de su magia. Para reconocer los ciclos es muchas veces necesario dar unos pasos atrás y aprender a observar. Y para aceptar su existencia y convertirlos en tus compañeros de viaje, nos toca hacer el siempre doloroso acercamiento a la muerte. En este contexto, los ciclos son un recuerdo constante de que todo está en perpetuo crecimiento y decaimiento, que todo lo que es joven tiene que envejecer, todo lo que empieza debe acabar y, en definitiva, todo lo que amamos, tarde o temprano, va a morir. La bruja tiene que aceptar tales leyes de la naturaleza o no podrá llevar a cabo su trabajo; a su vez, la brujer tiene que aprender a convivir con estas maravillosas y aterradoras verdades si quiere vivir en coherencia con su magia. La sociedad que tiende a ignorar la muerte es la misma que ha olvidado los ciclos que nos rigen y rodean, que se aferra y adormece en la ilusión de lo que siempre parece nuevo, como fijado en el tiempo, embriagada de deseo por una vida sin vejez, dolor o muerte.

Con cada paso que damos en el camino de lo brujeril nos adentramos más y más en esos territorios de lo incómodo y lo socialmente inaceptable. La alternativa puede parecer más amable, pero también convertirse en un vivir sin vivir, en una constante búsqueda de un equilibrio maldito, en un caminar a tientas, siempre al borde del ataque de nervios. Sin perspectiva no podemos aceptar los ciclos de la vida, sin ellos todo lo que pase nos parece finito y demoledor. La carta del Tarot en la que se basa este capítulo es La Rueda de la Fortuna. No trata de la suerte o la mala suerte, sino que nos recuerda que debemos aceptar algo tan necesario en nuestras vidas como que todo lo que sube tiene que bajar, todo lo que vive tiene que morir. Es doloroso, no te lo voy a negar, pero es mucho más mágico que vivir encadenadas a una rueda que no podemos ver. La brujer no es la sierva de la rueda de la fortuna, es su dueña y señora. La brujer es capaz de cocrear una vida que entrelaza el destino con la acción, la quietud con la decisión, el recibir con el tomar, el dar con el aceptar, el vivir muriendo, que es vivir queriendo.

Este equilibrio se puede ver como un baile de conceptos y energías. Es una danza como la que la diosa hindú Kali —mi preferida por su fiereza sin reservas— hace sobre Shiva, el dios de los ciclos en términos de destrucción y creación del universo. No es casualidad que, cuando Shiva se representa solo en su forma de Nataraja («Señor del Baile»), aparece bailando sobre Apasmara, demonio que personifica la ignorancia espiritual y la ilusión de la realidad que solo percibimos a través de los sentidos, que, por tanto, engaña a la humanidad. Rodeando al dios encontramos un círculo de lenguas de fuego que simboliza el universo en cambio constante, referencia a la condición cíclica del tiempo. En las representaciones en las que Kali aparece con un pie o bailando sobre Shiva se ensalza de nuevo la naturaleza, también destructora, de la diosa. Kali se retrata con la piel de color negro o azul oscuro, la lengua fuera, los ojos salidos en todo su esplendor temible y salvaje. Está desnuda, solo cubierta con un collar de cabezas humanas y una falda hecha con brazos. Puede ser representada con multitud de brazos y objetos diferentes sostenidos en cada una de sus manos. Entre otras cosas, esgrime su espada, la cabeza arrancada del cuerpo de un demonio y, debajo de este, un cuenco hecho con una calavera donde recoge la sangre que cae del decapitado. Casi nada. Kali puede derivar de «*kaal*», vocablo sánscrito de género femenino que significa «tiempo». La diosa, por tanto, puede encarnar el paso del tiempo y todo lo que este destruye. En Kali vemos el papel de la madre creadora y, al mismo tiempo, la fiera aniquiladora. Con su energía transformadora aprendemos sobre el desapego a lo material, a quemar lo tóxico del ego y sus patrones. Se han hecho muchas interpretaciones acerca del baile de Kali sobre su consorte Shiva; sin embargo, a grandes rasgos, la escena se puede entender como el tiempo —*kaal*— danzando y, por tanto, despertando o activando la conciencia creadora representada por Shiva. Como yo la entiendo, Kali es una verdad absoluta y feroz, tan bella como temible, que puede despertar a los humanos de las ilusiones de una realidad física y así romper el ciclo de su karma. Para aquellas que no somos hindúes, la iconografía puede trascender su valor religioso para abarcar el universal, un claro ejemplo del tiempo y su naturaleza creadora y destructora presentada en toda su magnificencia.

Toda brujer lleva en sí misma la danza de Kali; el conocimiento y la potencialidad de despertar lo creativo y lo destructivo, de entender y colaborar con los ciclos. Kali, en su encarnación más simbólica, es una gran forma de captar diferentes aspectos de la brujer y sus capacidades.

¿Quiere esto decir que la brujer puede controlar el tiempo, el destino y sus acontecimientos? ¿Que las brujeres pueden mostrar total desapego a lo que nos sucede? ¿Que la brujer se puede librar de toda crisis nerviosa cuando su vida al completo parece desmoronarse a su alrededor? Claro que no. La brujer no es una diosa, es humana, y su humanidad es su mayor baza. La brujer padece, se enfada, baila la danza de sus crisis hasta que estas se desvanecen. Con fiereza, humor y perspectiva. La brujer puede encarnar la energía de la brutalidad del tiempo, como Kali, y también ser la irónica bruja que vive al margen de todo, capaz de pisar sus miedos, quemar a sus enemigos internos y, a la vez, ser la observadora de tales acciones, dentro y fuera de la rueda, siendo ambas a la vez, la participante y la comentarista. La brujer intenta no vivir al borde de sus crisis, las pasa y las amansa. La brujer puede sufrir, a la vez que ser la mayor de las guerreras y la belleza más serena, que sabe que sin crisis no hay conocimiento y renacimiento. Porque sin tocar fondo no nos podemos impulsar hacia arriba.

Así que prepárate no solo para explorar, sino también para caer, observar, luchar, destruir y recrear. Y todo esto mientras bailas la danza de la diosa al compás de las olas. Casi nada.

• EJERCICIOS •

Para mantener la calma y vivir con los ciclos lo mejor que puedes hacer es meditar. Este ejercicio se basa principalmente en concentrar la atención de tu mente en cada inhalación y exhalación, sin forzarlas. Más que intentar ignorar tus pensamientos —o, peor aún, hacer el fútil intento de dejar de pensar—, la intención de la meditación es que reconozcas tus pensamientos por lo que son y no que te enganches a ellos.

La premisa en la que se basa la meditación es simple, pero todas sabemos que no es tan fácil como parece, que no solo requiere práctica, sino también mucha paciencia. Es más, si bien yo recomendaría a todo el mundo que pruebe la meditación, sus versiones más tradicionales —como la que he descrito más arriba— no son las adecuadas para ciertos tipos de personalidades. En mi caso, meditaciones guiadas o meditaciones con movimiento son mucho más efectivas que el simple sentarme a seguir mis respiraciones.

Más que a hacer las cosas «bien» te animo a que encuentres lo que te funciona a ti. A nuestro alcance tenemos las ya mencionadas meditaciones guiadas (hay una gran variedad en YouTube), pero también puedes caminar por la playa, meditar en la bañera, hacer fotos, pintar, bailar… Sin ponerte demasiada presión a ti misma explora diferentes opciones hasta que des con aquello que te lleve a un estado meditativo. ¿Cómo sabes que estás en un estado meditativo? La respuesta es sencilla: aunque tu mente no se ha detenido del todo, no te dejas llevar completamente por el hilo de tus pensamientos hasta el punto de que te has olvidado de seguir tus respiraciones. En ese estado, esa voz del ego —de la que te hablaba en «La brujer y la intuición»— parece acallarse y la voz mucho más discreta y abstracta de tu sabiduría toma más fuerza, cuando cada movimiento es registrado por tu mente y esta observa sin juzgar. Tus gestos se vuelven más lentos y más conscientes hasta que casi alcanzan una calidad ritual y sagrada. Si quieres escucha música, quédate quieta o muévete. Pero hazlo sola, experimenta y deja fluir sin forzar un resultado determinado. Si eres una brujer principiante, empieza con tiempos cortos y ve aumentando los intervalos dedicados a la actividad meditativa que hayas elegido. Solo cuando veas que te funciona, intenta alargar el tiempo que pases dedicado a dicha práctica. No solo estos estados te van a ayudar a calmar tu cuerpo y tu mente, sino que, precisamente porque es necesario que tu mente adopte el papel de observadora, verás cómo poco a poco tus meditaciones te darán perspectiva, te precipitarán a ver las cosas con más distancia. De la misma forma que los pensamientos, muchos negativos, vienen y van, también lo hacen muchas otras de las situaciones de nuestra vida. Haz de tu meditación un ejercicio a tu medida, no te rindas y hallarás una gran medicina. Y si prefieres probar con una meditación guiada, visita www.brujeres.net/libro.

Vivir con los ciclos:

La mujer es una criatura cíclica, no tiene más. Tenemos los ciclos diarios, semanales, los ciclos lunares y, con ellos, los menstruales —si eres una mujer que menstrúa—; tenemos las estaciones, los años, las etapas de la vida, tanto personales como de edad, y, si te interesa la astrología, también puedes utilizar los ciclos que acompañan los movimientos de los planetas. Vivir en armonía con tanto ciclo puede ser tan apabullante como trabajoso. Nuestra sociedad no nos proporciona el tiempo que necesitaríamos si quisiéramos vivir atendiendo todos los tipos de ciclos. Después de todo, ¿cuántos rituales lunares tienes tiempo de hacer en un mes, brujer? Si vivimos lejos de la naturaleza podemos llegar a sentirnos separadas de las estaciones, y el ritmo con el que la gran mayoría de nosotras nos vemos obligadas a trabajar no nos permite respetar lo que nos piden los ciclos de nuestro cuerpo.

A pesar de todo esto, podemos encontrar formas de vivir con los ciclos sin volvernos locas. Tanto si eres una mujer que menstrúa como si no, te recomiendo que empieces por familiarizarte con los ciclos lunares y cómo estos afectan a tu cuerpo, a tus emociones y, en consecuencia, a tu vida.

Si eres una mujer que menstrúa, puedes empezar por bajarte una aplicación que te permita apuntar y seguir tus periodos y las distintas fases del mes. Luego intenta seguir en qué momento del ciclo lunar tienen lugar tus periodos. Se cree que deberíamos empezar a sangrar al mismo tiempo que la luna nueva, pero hay mujeres que, por una razón u otra, sangran en diferentes momentos del mes. Yo tuve una temporada que sangraba con la luna llena, y cuando sangraba me volvía intensamente emocional, algo que no me ocurre, casi sin excepciones, cuando mi periodo coincide con la luna nueva. Si no tienes la regla, te puedes centrar en los ciclos lunares y observar tus reacciones a cada una de estas fases.

Tanto si sigues las fases lunares como si sigues tu menstruación, o ambas, durante unos meses procura detectar elementos en común para cada etapa que te llamen la atención, y adapta tu vida, en la medida de lo posible, a las reacciones y necesidades que hayas descubierto sobre ti misma. Por ejemplo, imagina que siempre tienes mucha más energía y agilidad mental durante la luna llena; este puede ser el momento de tener reuniones difíciles, acabar proyectos y atender eventos sociales. Si, por el contrario, sabes que justo en la luna llena tu arrojo disminuye y te vuelves un poco antisocial, evita todo aquello que vaya en contra de tu estado emocional y físico. No siempre vas a poder adaptar tu vida a lo que tu cuerpo y mente te pidan, pero te aseguro que pequeños cambios pueden conllevar grandes resultados.

Una breve correspondencia simplificada de ambos ciclos —el menstrual y el lunar— podría ser esta:

Luna nueva: menstruación: invierno – nuevos principios, prepararse para una nueva etapa y dejar ir (literal y simbólicamente) lo que ya no nos sirve. Darnos tiempo para pensar y planear lo que queremos para el nuevo ciclo.

Luna creciente: fase Folicular: primavera – empezar a coger el ritmo, pasar a la acción, planificar lo que queremos conseguir.

Luna llena: ovulación: verano – dejarnos ver, estar pletóricas, mostrarnos al completo, llevar cosas a cabo, dejar lo que no nos ayuda a cumplir nuestros objetivos.

Luna menguante: fase lútea: otoño – prepararnos para la menstruación, poner el freno, reflexionar, revisar lo que hemos hecho hasta ahora.

Hay quien hace un seguimiento exhaustivo de sus estados físicos y emocionales durante todo el ciclo. Yo hice esto durante una temporada y me ayudó a trazar los patrones que se repetían cada mes. Era fascinante. Por ejemplo, a base de observar reparé en que, para mi sorpresa, el día 13 de mi ciclo lunar —decimotercer día desde el momento en que empezó mi periodo— me subía la libido y me ponía súper cachonda. Después de seguir mis ciclos y anotar cada pequeña reacción y cambio durante una temporada, me concentré en escuchar mi cuerpo y entender las idas y venidas de una forma más intuitiva y menos sistemática.

Si no tienes mucho tiempo, una alternativa a la anotación exhaustiva puede ser apuntar tus observaciones semana a semana. Después de hacerlo durante unos cuantos ciclos, te recomiendo que dibujes un círculo, lo dividas en cuatro cuartos —cada cuarto equivale a una fase— y apuntes en cada uno todo aquello que te sienta bien, te ayuda y te da apoyo durante la etapa correspondiente. Aquí tienes algunos ejemplos:

- Tipo de comidas.
- Actividades físicas.
- Tipo de ropa.
- Tisanas.
- Música.
- Proyectos.

Ve rellenando de información el círculo a medida que se te vayan ocurriendo cosas. Puedes colgar el papel con tu esquema en tu nevera, así lo verás a menudo y no te olvidarás de él.

Hacer este ejercicio puede ayudarte a desarrollar unas rutinas en las que te resulte más fácil vivir en sintonía con esos ciclos. Una vez te hayas sincronizado con un tipo de ciclos puedes extender lo que has aprendido a otros aspectos de la vida cíclica; por ejemplo, a las estaciones.

Todo este trabajo te puede llevar a planear mejor tus días, tus semanas e incluso tus años. Sigue tu intuición, pero tampoco dejes de trabajar con lógica y empirismo. Nuestro organismo, menstruemos o no, depende del funcionamiento correcto de nuestras hormonas, y no todas las personas tienen sistemas endocrinos que responden igual o necesitan lo mismo.

Si ya eres una brujer versada en los ciclos, te recomiendo que te vuelvas más intencional y consideres cómo trabajar con ellos, puede beneficiar tus planes a largo plazo. Los ciclos son nuestros aliados a la hora de estar un poco más en equilibrio con la naturaleza, mejorar nuestra capacidad de vivir con perspectiva y de una forma más descansada.

En resumen (paso a paso):

✓ Diseña una práctica meditativa que se ajuste a tu personalidad.

✓ Vive con los ciclos:

- Aprende los diferentes ciclos.
- Observa y anota tus reacciones durante las diferentes fases de los ciclos.
- Crea un círculo donde vayas compilando la información resultante de tus observaciones.
- Lleva todo lo que hayas aprendido a otro tipo de ciclos, utilízalo para poder planear tu vida de una forma más holística.

La brujer justa

En el capítulo anterior, y en otras partes del libro, hemos hablado de que la magia depende en gran medida de tu capacidad de aceptar lo que no podemos cambiar, entender qué es lo que debemos dejar ir y dónde debemos intervenir. Espero que este concepto te haya quedado claro, porque ahora voy a complicar las cosas.

Como dijo el icono del feminismo Angela Davis, debemos cambiar las cosas que no podemos aceptar. Hasta este punto, el recorrido del libro se ha centrado, mayoritariamente, en guiarte por cambios internos que activen o reactiven tu magia. Cambios que, tal vez, te resulten muy familiares, o que, por el contrario, serán nuevos para ti. A lo mejor, poco a poco te vas sintiendo más fuerte, más sexi, más decidida y, en definitiva, más tú. Un nuevo tipo de autenticidad irradia a tu alrededor, una confianza que antes no conocías.

La Justicia, la carta número 11 del Tarot, marca el punto entre la primera mitad y la segunda de la arcana mayor. Un antes y un después donde empezamos a entrever cómo los cambios interiores por los que hemos pasado también irán, paulatinamente, afectando a nuestro entorno. Con La Justicia veremos cómo nuestra práctica brujeril llega a una encrucijada donde el trabajo interior atrae o genera actos exteriores y nuestra magia intersecciona con otros aspectos de nuestra vida que, tal vez hasta este momento, habíamos conseguido mantener separados. Es más, cuando encarnamos el arquetipo de La Justicia nos vemos arrastradas a replantearnos la diferencia entre lo que es correcto y lo que son normas implantadas por la sociedad. Nuestra confianza en ciertas instituciones o reglas tal vez se vea truncada y tengamos que recalibrar cuál es nuestro sitio en el mundo. Esta carta, además, nos habla de lo que es justo, no de lo que desea nuestro ego o de lo que creemos que necesitamos; nos hacer reflexionar sobre un tipo de justicia que exige de nosotras dejar nuestros deseos más inmediatos de lado y pensar en el largo plazo.

Cuando encarnes este tipo de justicia prepárate para esperar cambios en tu forma de vivir, tus intereses y tus prioridades. Puede parecer contradictorio hablar de esto cuando en «La brujer y la soledad» hablaba del tiempo a solas que toda brujer debe tomarse para desarrollar su magia. Este trabajo es un equilibrio constante entre opuestos y, si bien la soledad es el lugar donde te encuentras a ti misma y desarrollas tu brujerez, los humanos somos criaturas sociales y, por tanto, estamos interconectados. Tu magia nace en la oscuridad de tu jungla, pero no se contiene; al contrario, se expande y quiere ver la luz. En este punto es donde empiezas a notar y a experimentar el axioma alquímico mencionado al principio del libro: «Como es arriba, es abajo; como es adentro, es afuera», porque todo cambio interior afecta el exterior y viceversa. La magia entendida como energía no se limita a los confines de tu ser, y cuanto más te adentres en los territorios de lo místico y lo espiritual, más se mostrará en el exterior. Es un efecto mariposa difícil de contener. Cuando suceda, esas transformaciones van a ser positivas, no hay duda, pero también van a ser incómodas. Sobre todo porque habrá cosas y gentes de tu vida que no han cambiado y eso puede crear tensiones con las partes de ti que han se han ido transformando. Me refiero a la dinámica entre cómo afectan nuestros cambios interiores a los demás y cómo nosotras nos sentimos perjudicadas por la falta de cambio a nuestro alrededor. Me refiero a aquella tirantez existente entre lo que tú vas a ser y las cosas que aún no son. Tal vez empieces a notar que no tienes tanto en común con algunos de tus más allegados, que el trabajo que has escogido no es lo que quieres o que te preocupas por cosas que antes no te parecían importantes. Ese momento en que nos percatamos de que este trabajo brujeril, y nuestra voluntad de llevarlo a cabo, nos ha empujado a un nuevo paradigma que ya no podemos abandonar.

Por ejemplo, puede que las injusticias te resulten mucho menos difíciles de ignorar, o que cuando veas a tus seres queridos con estrés o infelicidad les quieras instar a que mediten o que adopten prácticas de este u otros libros. Quizá quieras ayudar a cambiar la sociedad y colaborar con un nuevo modelo que acepte lo femenino y lo espiritual de una forma más diversa y sanadora.

Cada brujer tiene un camino distinto por recorrer y es en este punto del camino donde ciertas preguntas van a empezar a perseguirte aun cuando las quieras ignorar. ¿Cómo puedo compartir con los demás mis conocimientos de brujer? ¿Cómo salgo del armario de lo brujeril? ¿Cómo cambiar las cosas a mi alrededor de la misma forma que he cambiado partes de mi interior? ¿Cómo respetar que cada uno tiene su camino y que debo dejar que otros evolucionen a su manera? ¿Es mi deber hacer algún tipo de activismo o voluntariado? Si decido realizarlo, ¿cómo lo hago con autenticidad y no solo porque siento que se debe hacer? ¿Cómo ayudar desde la humildad y no desde un complejo de salvadora blanca? Estos son algunos ejemplos de las preguntas que pueden surgir cuando la brujer siente que su trabajo interior empieza a atraer trabajo en el ámbito exterior.

Tal vez la tuya no sea una llamada muy fuerte, y no pasa nada. Como dice la actriz, presentadora y activista Jameela Jamil, todos podemos adoptar un activismo «de ladrillo a ladrillo»: poco a poco, incitando pequeños cambios y dentro de nuestras capacidades. Ser brujer, tal y como yo lo describo, es ser parte de un cambio, tanto a nivel micro como a nivel macro. La brujer es una mujer justa y la magia no puede sobrevivir en la mezquindad espiritual.

La brujer puede ser ambiciosa, gustarle el lujo y la decadencia, pero no quita por quitar, no critica por criticar, no copia para competir. La brujer se sabe reina y a la vez comprende que su sitio está con las minorías, con los indefensos, con los perseguidos. Su naturaleza sanadora es también una mente consciente. La brujer trabaja de forma lateral, interseccional y nunca desde la jerarquía, y comparte su magia y los espacios y plataformas con otras brujeres a las que apoya y ensalza.

Claro que los retos no acaban ahí, porque intentar cambiar las cosas que no podemos aceptar nos familiariza con el dolor agudo de esas injusticias que ahora mismo no nos es posible modificar ni con toda la magia del mundo. Aunque te involucres más, el calentamiento global continuará empeorando, y habrá gente que pase hambre en el mundo.

Pase lo que pase, tal vez notes que una inercia, tu magia, te empuja hacia delante al tiempo que aceptas, con paciencia, otras cosas que tendrás que dejar atrás o que no podrás cambiar. Actuar para cambiar aquello que no es justo es también aceptar ritmos y momentos, es volver a las lecciones sobre los ciclos explicadas en el capítulo anterior. Es activismo y también es ascetismo. Es enfado y también calma. Es comprensión y enojo. Es egoísmo sano y altruismo. Es entender nuestro papel en la sociedad sin llevar el mundo a cuestas.

• EJERCICIOS •

Salir del armario brujeril:

Tanto si tu entorno es muy brujeril como si no lo es, cuanto más te adentres en tu magia más se va a percibir esta de forma exterior, pues es una energía invisible a la vez que palpable, como un perfume que huele genial y que no te puedes quitar. Al principio solo lo puedes oler tú, pero poco a poco su intensidad va creciendo hasta que se hace evidente para todo el mundo que se topa contigo. Algunos te mirarán con curiosidad, otros te preguntarán por qué siempre hueles tan bien. Tal vez al principio contestes dando largas, pero es posible que un día decidas dejar de esconder tu nueva verdad. Si no lo habías hecho ya, tal vez te toque salir del armario brujeril. El cómo, el cuándo y el porqué, serán tuyos y solo tuyos.

Cuando empecé a leer el Tarot, sabía que me tocaría decírselo a mi jefa en mi trabajo. Mi contrato estipulaba que tenía que informar a mis superiores si decidía emprender cualquier otro proyecto. Mi jefa me pidió que pasara los detalles de mi negocio a la junta, y en la reunión semestral me tocó explicar a un grupo de directivos que fuera del trabajo me dedicaba a leer y enseñar el arte del Tarot. El solo hecho de tener que plantarme delante de un grupo mayoritariamente formado por hombres de una generación más antigua para explicar una parte de mi vida privada ya era bastante duro, y encima hablarles de mi trabajo con una disciplina esotérica rayaba lo ridículo y era desconcertante. Estaba muy nerviosa. Era como si dos mundos totalmente diferentes fueran a chocar y yo no podía hacer nada por evitarlo. Tenía que ser valiente, porque mi salario principal dependía de ello. Como muchas brujeres, llevar nuestras prácticas mágicas y privadas a la escena pública no constituye un riesgo tan grande como otras salidas del armario. Yo no me arriesgaba a perder a mi familia, a mis amigos, mi trabajo o incluso poner mi vida en peligro. Mi salida del armario estaba llena de privilegio y maximizada, primordialmente, por mis miedos e inseguridades. Aunque era capaz de poner mi situación en perspectiva, no se me escapaba que lo que estaba haciendo tan solo un par de siglos atrás me podría haber llevado a la hoguera.

Me daba miedo pensar que al explicarles a los directivos a qué dedicaba mi tiempo libre, mi valor como profesional se fuese a devaluar y mi carrera se viese afectada. La realidad es que, por suerte y para mi sorpresa, a nadie pareció importarle. Salí de esa reunión con una mezcla de incredulidad y alivio, y la certeza de que nunca más me dejaría llevar por ese miedo a ser yo misma. Fue entonces cuando comprendí que gran parte de mis miedos yacían no tanto en lo que ellos pensaran como en mi creencia interiorizada de que mi vida brujeril no se merecía el mismo respeto que mi carrera profesional convencional.

Esa experiencia me enseñó que:

- Si bien no tienes que esconderte, tampoco le debes nada a nadie.

- Compartir tus vivencias y trucos brujeriles es un privilegio —para ellos y para ti— y no tendría que estar motivado por un deber.
- No hace falta que lo compartas todo, tú eliges qué partes de ti y de tu camino quieres llevar a la esfera pública.

¿Cuál es tu activismo?:

Tanto si decides que ahora solo quieres concentrarte en ti como si prefieres empezar a causar un impacto en tu familia, amigos, comunidad o la sociedad en la que vives, la forma en la que ese impacto tendrá lugar es única a tu estilo y personalidad.

Si quieres ayudar y no sabes cómo, puedes investigar cuáles son los temas de la actualidad que más te preocupan o llaman la atención. Empieza por preguntarte:

- ¿Cuáles son las cuentas que sigo en las redes sociales?
- ¿Cuáles son las noticias que más me impactan?
- ¿Cuáles son los políticos, activistas o agentes de cambio que más me inspiran?

Una vez reconozcas las áreas en las que crees que quieres o puedes aportar tu grano de arena, es esencial adoptar la mentalidad de la eterna estudiante. Como brujer esto no tendría que costarte mucho, ya que siempre estamos aprendiendo y evolucionando, pero con el activismo esa actitud debe llevarse a un grado, si cabe, más alto. Sin humildad y la aceptación de que vamos a cometer muchos errores, nuestro activismo se queda siempre corto y puede molestar más que ayudar. Es más, tenemos que hacernos responsables de este aprendizaje y no esperar que aquellos a quienes intentamos dar apoyo tengan que poner tiempo y energía en educarte.

Recuerda el concepto de activismo «de ladrillo a ladrillo»: desde la forma en que hablas hasta la forma en que consumes, se te ofrecen multitud de oportunidades para actos de microactivismo. Si no puedes, no hace falta que realices grandes gestos, más bien es un esfuerzo consciente de traer una política de cambio a tus acciones diarias.

A decir verdad, no hace falta que te diga qué tipo de activismo debes emprender. La brujer es una guerrera, lo sé porque sin su fiereza la magia no sobrevive. Eres una jungla que sustenta mil ideas para hacer de tu magia un arma, de tu intuición un compás, de tus cabreos con las injusticias del mundo, ideas transformadoras para la sociedad.

Resumen (paso a paso):

✓ Si quieres, te apetece y es necesario, sal del armario brujeril: hazlo a tu ritmo y manera, nunca por obligación y decidiendo qué partes quieres compartir y cuáles no.

✓ Investiga cuál es el tipo de activismo que podrías emprender. Empezando por aquellos temas que más te preocupan.

✓ Adopta una mentalidad de eterna aprendiz.

✓ Practica el activismo «de ladrillo a ladrillo».

La brujer y la incomodidad

> Me di cuenta de que, si no estamos atentas, podemos pa-
> sar toda nuestra vida sintiéndonos más pequeñas de lo que
> realmente somos: jugando a lo seguro, regalando incons-
> cientemente nuestro poder, atenuando nuestro resplandor,
> sin reconocer que hay mucho más esperándonos al otro
> lado del miedo.
>
> ELAINE WELTEROTH,
> *More Than Enough*

La brujer es la maestra de la incomodidad. O al menos debería
intentar serlo. Por supuesto que el brujerismo quiere conseguir
que te sientas bien contigo misma y tengas una vida más plena,
pero la realidad es que, si no te familiarizas con la incomodidad,
la brujer corre el riesgo de perder su autenticidad y de quedar-
se estancada.

Una de las grandes trampas del mundo espiritual contempo-
ráneo y occidental es la excesiva dependencia a sentirse bien, a
un continuado estado de felicidad. Se nos vende la moto de que,
consiguiendo el bienestar interior total, algo tan irreal como

un unicornio, se nos recompensará con vidas perfectas. Y si no lo consigues es tu culpa porque algo estás haciendo mal. En los últimos años algunas *influencers* y celebridades han intentado enseñar que no todo es tan bonito o feliz como ellas mismas lo habían pintado. Algunas de estos personajes públicos han compartido sus problemas o las partes más «realistas» de su cotidianidad. Sin embargo, gran parte de sus redes sociales siguen siendo meros escaparates de ensueño que muestran versiones filtradas, recortadas e incompletas de sus vidas. Es más, cuando quieren enseñar el lado más oscuro de su realidad, muchas mercantilizan sus problemas o caen en el compartir demasiados detalles.

Como yo la vivo y entiendo, la espiritualidad y su consecuente magia no tiene como cometido el asegurarte un estado de bienestar perpetuo y evitar el dolor. Se trata de un proceso complicado y hasta sucio.

Imagina trabajar con cerámica, utilizando un torno; te vas a manchar las manos y la taza te va a salir torcida mil veces. Puede ser frustrante y cansado, pero también muy divertido. Y a base de intentarlo una y otra vez, la taza te acabará saliendo bien; ser brujer no es un resultado, es un proceso, una forma de vida.

La carta del Tarot que inspira este capítulo es la de El Colgado. Aunque no sepas nada del Tarot, seguramente has visto esta carta en algún sitio. Su iconografía es una de las más conocidas, precisamente porque es de las más morbosas. En la carta se observa a un personaje colgado de un árbol por los pies. Si bien el pobre hombre tendría que estar, como mínimo, algo incómodo, y como máximo sufriendo un dolor extremo, su postura parece no importarle. De hecho, sonríe y de su cabeza sale el halo típico de los santos. La imagen puede resultar desconcertante, pero lo deja de ser cuando analizamos las cartas del Tarot como alegóricas. El Colgado nunca va a representar a un colgado real, sino un cambio de perspectiva —uno de los superpoderes de las brujeres—, y con él la incomodidad y, sí, también el dolor, vienen de la mano. Este nuevo punto de vista es la primera fase de los cambios más profundos que se avecinan y que son resultado de todo el trabajo brujeril que hemos hecho hasta ahora. Piensa en una mariposa durante su etapa de crisálida, también colgada; ya no es una larva, aún no es una mariposa, simplemente está pasando por los momentos más agotadores y complicados de su metamorfosis. Esta es la incomodidad a la que se debe acostumbrar la brujer, aquella que procede de los instantes vitales dolorosos y catárticos; de las transformaciones a las que haremos referencia en el siguiente capítulo.

Aparte de este tipo de malestar que nos prepara para el momento previo a un gran cambio, tenemos las incomodidades habituales a las que se tiene que enfrentar a menudo la brujer. Estas son el resultado de haber hallado el coraje necesario para ser nosotras mismas y mostrar nuestras vulnerabilidades. Además, muchas de nuestras actividades brujeriles van a entrar en tensión con un entorno que, tal y como veíamos en «La brujer justa», se resiste a adaptarse a tu nueva forma de vivir.

No huyas de la incomodidad, brujer, aunque esta a veces parezca una sarna que ataca la mente y el alma. Es tan necesaria para evolucionar como para abrirnos a nuevas dimensiones de nuestro ser. Y con ella aprendemos que el proceso es incómodo, incluso doloroso, pero aguantamos porque al otro lado nos espera la transformación, la libertad y la templanza.

La incomodidad no es fácil, es una putada. Una molestia que, mal llevada, se convierte en la antesala del dolor. Por tanto, el secreto consiste en hacer de la incomodidad tu aliada.

Para este ejercicio voy a pedirte dos cosas. La primera es que, cuando tengas o quieras trabajar el tema de la incomodidad, te cuides más de lo normal; tanto a nivel físico como emocional. La segunda es que ensayes mentalmente acontecimientos que puedan resultarte desagradables. Tanto la primera como la segunda actividad parecen contradictorias, pero una sustentará a la otra.

En capítulos previos del libro he recomendado ejercicios que fácilmente pueden hacernos sentir incómodas, tales como reclamar el dinero que alguien te debe («La brujer y la abundancia»), aprender a decir no («La brujer y la soledad») o salir del armario brujeril («La brujer y la justicia»). Escoge un ejemplo de tu vida real —siempre y cuando no te despierte una respuesta emocional intensa o un trauma— y utilízalo para la meditación que voy a detallar a continuación:

- Si te relaja, puedes poner música. Hay mucha música relajante disponible en plataformas como Spotify o YouTube.
- Escoge un sitio donde te puedas sentar o estirar cómodamente.
- Pon el temporizador de tu móvil. Si eres una meditadora sin experiencia, no pases de los cinco minutos.
- Respira hondo hasta que notes que todo el cuerpo se va relajando.
- Si notas tensión en tu cuerpo, imagínate que tu respiración está cargada de una luz (blanca, dorada o azul) que en-

vías a las partes más tensas. Piensa que la luz es sanadora y transformadora. Cada inhalación cura la tensión, cada exhalación la saca de tu cuerpo transmutada en un sentimiento positivo de tu elección; amor o agradecimiento son buenas opciones.

- Cuando estés relajada y sin dejar de prestar atención a tus respiraciones, prepárate para sumergirte en la escena que has escogido.
- Para empezar, imagina que caminas hacia un prado donde hay una puerta, la atraviesas y al otro lado entras en la representación de la situación.
- Vislumbra lo que sucede —por ejemplo, le estás diciendo no a alguien exigente de tu vida— y recrea la escena en tu mente con todo tipo de detalles.
- Sigue concentrándote en tu respiración.
- El diálogo y la acción empiezan.
- Continúa con las respiraciones, presta atención a las sensaciones y tensiones que aparezcan en tu cuerpo, envíales luz.
- Imagina que la otra persona, la exigente, reacciona fatal. Tus temores sobre lo peor que podría pasar se hacen realidad.
- Sigue respirando, sigue enviando luz.
- Tómate tu tiempo para responder y hazlo de la mejor manera posible aunque estés cabreada o te hayas puesto a la defensiva.
- Sal de la escena y visualiza una ducha de luz que baña todo tu cuerpo, absorbe tus emociones negativas y se las lleva hacia la tierra, que se las traga sin problemas.
- Regresa a la misma conversación, el mismo enfado, pero ahora date más tiempo para reaccionar. Intenta hablar menos desde el dolor o el miedo y más desde tu empoderamiento, compasión y límites personales.
- Tómate otro descanso y vuelve a recrear el baño de luz. No

acabes hasta que te sientas mucho más ligera y casi enteramente libre de tensiones.

- Puedes acabar la meditación aquí o seguir repitiendo la escena hasta que sientas a un nivel muy profundo que, por más desagradable que pueda ser, eres capaz de reaccionar con amor y coraje.

Puedes utilizar este ejercicio para un sinfín de escenarios distintos siempre y cuando no te generen una ansiedad incontrolable. Van a ayudarte a «limpiar» las tensiones que se despiertan al pensar en este tipo de acontecimientos, a prepararte para situaciones similares y, principalmente, te mostrará cómo, pase lo que pase, puedes sobrevivir a lo que te echen, por incómodo que sea.

● ●

La brujer y la muerte

La muerte no existe en contraposición a la vida, sino como parte de ella.

HARUKI MURAKAMI,
Sauce ciego, mujer dormida

Lo quieras o no, querida brujer, la muerte es parte de todas nosotras. Y no, no hablo de la muerte física a la que tanto tememos, hablo de la muerte como metáfora, de la transformación de nuestra identidad. Identidades apegadas a anhelos, ideas e instituciones que, como veíamos en el capítulo anterior, ya no nos sirven, y lo que es más, ya no se corresponden con una nueva realidad interior que, de forma tímida o no, va creciendo en paralelo a la expansión de nuestra magia.

La brujer pasa de ser la maestra de la incomodidad a enfrentarse con la muerte que nos hace cambiar, que duele, pero que no significa el fin, y que está conectada a los confines de tu interior, de tu jungla, que empiezan a despertar, se desatan y no te dejan volver a quien tú creías que debías ser.

Una muerte tan simbólica como inevitable, ya que todas las brujeres que he conocido han tenido, tarde o temprano, una crisis de identidad. Es un rito de paso, un no volver a mirar atrás, un despedirse de expectativas y enterrar excusas. La muerte —o más bien muertes— que aquí describo es la metamorfosis para la que te has ido preparando como brujer, sobre todo, desde que te «bajaste del carro».

Así que has salido de tu zona de confort, has aprendido que la transformación interior viene de la mano de cambios vitales que no esperabas o que ni siquiera deseabas. Sí. Has aprendido que existe un grado alto de incomodidad al que debemos acostumbrarnos. Sí. Has experimentado la manera en que tu verdad interior busca un reflejo en la realidad exterior. Y tal vez lo notes, lo sepas: ya no hay vuelta atrás.

Cuando cambiamos nuestra vida necesitamos pasar el duelo para decir adiós a todo aquello que creíamos que éramos y lo que pensábamos que queríamos. Es en esta muerte cuando la brujer deja trabajos, corta con parejas, cambia de amigos…, una muerte que es necesaria, pero que duele, o que, como mínimo, escuece. La incomodidad que hemos conocido con El Colgado era tan solo la preparación energética para dar un salto, un vuelco, que nunca planeamos y que, casi por inercia, nos vemos obligadas a tomar. La brujer no sobrevive sin autenticidad, y la autenticidad, sea la que sea, tiene un precio.

Es la primavera de 2017. He vuelto al pueblo de mi abuela, en la bellísima Extremadura. La última vez que vine de visita fue envuelta en un aura de crisis nerviosa. Esta vez también venía en una especie de misión secreta para acabar de decidir si este era el sitio donde quería mudarme y, al mismo tiempo, decidir si continuaba la relación con la primera persona a la que había querido de verdad en años. Dos decisiones dolorosamente entrelazadas. Después de meses de espera y de darle vueltas a mi decisión, esos días determinaron el rumbo de mi vida. Y créeme, la energía provocada por tal decisión era tan densa que parecía tener vida propia; tanto, que se traducía en dolor.

Y me refiero a dolores de todo tipo; dolor emocional provocado por la encrucijada en la que me encontraba, que a su vez se traducía en dolor físico, con sufrimiento en la espalda y la cadera que no me permitía hacer ejercicio como antes, llevándome a un círculo vicioso de apatía y más dolor. Como puedes imaginarte, esos días no fueron fáciles. Mi cuerpo y mi alma me pedían que llorase una decisión que aún no había sido verbalizada mientras tenía que poner la poca energía que me quedaba en continuar con mis días de visita a familiares, ajenos a la situación mientras daba a entender que no pasaba nada.

Por fin tomé una decisión. No me iba a mudar a España. Lloré algunas veces, pero no muchas. Mi elección se había convertido en mucho más que el mero hecho de optar por quedarme en Bristol: en ella convivían procesos que llevaban gestándose mucho tiempo. Con ella elegía el camino más difícil y, a la larga, el más correcto. También me permitía destapar el coraje que llevaba dentro, escuchaba a mi intuición y, en definitiva, me escogía a mí. Todas ellas eran parte de transformaciones que simbolizaban decirle adiós a actitudes y formas de hacer de mi pasado, como los momentos en que escogí el miedo por encima del coraje. A esto se le añadía la inesperada necesidad de despedirme de la vida que habría tenido si mi elección hubiera sido distinta. Brujer, si has estado en situaciones parecidas —y estoy segura de que puedes pensar en al menos una—, recordarás que hasta las decisiones más acertadas pueden crear dolor y requerir de un duelo.

En la gran mayoría de los casos, estos cambios los atraemos cuando salimos de nuestra zona de confort y afianzamos lo que hemos aprendido, para así vivir en armonía con la persona en la que, tal vez sin saberlo, nos hemos ido convirtiendo. Por todo ello, la carta de La Muerte del Tarot —un esqueleto que monta a caballo y se lleva por delante todo lo que se ponga en su camino— parece querer asustarnos cuando su misión, en realidad, es representar el renacer de nuestra personalidad desapegada de las capas que le sobran para acercarse más a su autenticidad.

Hay una expresión francesa, *la petite mort*, que empezó como una forma de describir una pérdida de conocimiento y, con el tiempo, fue usada para referirse a ese momento durante el orgasmo en el que el mundo entero se desdibuja, los sentidos se amalgaman para concentrarse en una única sensación, y, como pocas veces en la vida, el hilo de los pensamientos se corta y pierde su fuerza. Este concepto se puede equiparar a una pequeña iluminación espiritual, donde la voz de la mente dejar ir las riendas y en su lugar encontramos un vacío carente de todo discurso egotista. Esto puede dar paso a la gran epifanía, cuando comprendemos que no somos el yo del ego, sino aquel que lo observa, que trasciende la identidad, más atemporal y sabio.

Tal y como sucede con *la petite morte*, en estos momentos de cambio vital experimentamos, a veces sin ser conscientes de ello, el silencio pasajero de la voz de nuestro ego. De ese silencio surge tanto la voz de la intuición que nos guía como el espacio que necesitamos para transformarnos.

He hablado a menudo del «camino de la brujer», y aunque un camino se visualiza como una senda que avanza recta hasta el horizonte, este no es un proceso lineal. Algunas de estas muertes de la identidad las llevaremos bien, las afrontaremos como campeonas; otras las resistiremos o incluso huiremos de ellas. Pero no podemos escondernos eternamente, porque la vida es una serie de muertes, de ciclos, de evolución que podemos ignorar, pero no por ello evitaremos. Ya has visto la fuerza de la brujer como la colaboradora de los ciclos, la observadora de una sociedad ciega, la brujer activista y la brujer destructora. Y ahora ya conoces a la brujer como compañera de la muerte.

EJERCICIOS

Tal vez no sepas cada una de las transformaciones que en este momento de tu vida están esperando a ponerse en marcha. De hecho, muchas de ellas nos sorprenden como si surgieran de la nada. Aun así, vas a ver cómo, con la ayuda de tu intuición, puedes anticipar unas cuantas. Si estás preparada:

- Haz una lista de todas aquellas cosas que intuyas que necesitas cambiar.
- En una columna contigua, enumera las razones por las que crees que te resistes o no puedes llevar a cabo esos cambios.
- En una tercera columna, identifica entre una y tres acciones que puedas hacer para replantearte esta resistencia o afrontar los retos que estas provoquen. Este será tu pequeño plan de acción.

Seguramente te encontrarás con resistencias que no sabes de dónde vienen o cómo puedes cambiar. No te preocupes, lleva la lista contigo, en una libreta o pegada a tu agenda. Por ahora mírala, intenta asumirla y entenderla. En los capítulos de la tercera parte tal vez encuentres pistas e ideas que te ayudarán a transmutar todo aquello que te estanca.

La brujer y el equilibrio

En la tradición del Tarot, la carta de La Templanza representa el empoderamiento de la alquimia, el proceso de mezclar las partes de nuestro ser hasta que la fusión es creada y la piedra filosofal es creada.

VICKI NOBLE,
Motherpeace: A Way to the
Goddess through Myth, Art and Tarot

Las brujeres somos alquimistas capaces de transformar las situaciones más sombrías en proyectos y esperanzas. Sabemos que el dolor puede ser transformado y transformador, siempre y cuando aceptemos que, para llevar a cabo este proceso, no podremos evitar sentir dicho dolor.

Nuestra maestría de la alquimia brujeril no se acaba ahí, pues también hemos aprendido el arte de equilibrar los elementos y combinar conceptos que siempre habíamos percibido como opuestos, pues después del dolor que nos despierta la transformación plasmada en carta de La Muerte viene La Templanza, la gran sanadora. Esta carta nos muestra a un ángel que en cada mano sostiene una copa y con una concentración divina se dedica a pasar agua de un cáliz al otro. Sus pies están descalzos, uno está sobre la tierra, el otro sumergido en un pequeño arroyo. Después de la agotadora energía de La Muerte, La Templanza nos ofrece un oasis de paz para reequilibrarnos. En alquimia, los elementos principales son el fuego, el agua, la tierra y el aire (en el capítulo «La brujer y la abundancia» puedes repasar la explicación de cada uno de ellos).

Desde un punto de vista espiritual, estos elementos son energías que, bien equilibradas, nos pueden facilitar la recuperación tras una transformación interior. Es más, de una forma parecida a las energías *yin* y *yang*, pueden tener un efecto en casi todos los aspectos de nuestras vidas; demasiada agua y nos dejaremos llevar por nuestras emociones, muy poquita tierra y se nos pasa el planear nuestra semana, mucho aire y no podemos parar de darle vueltas a los problemas, y si echamos demasiada leña a nuestra hoguera tal vez nos dé por cabrearnos con facilidad. Estos son solo unos ejemplos, pero hay un sinfín de posibilidades y de combinaciones que nos pueden llevar a sentir armonía o, por el contrario, a un agotamiento de nuestros recursos internos. La Templanza nos pide amablemente que usemos nuestra intuición y exploremos diferentes tipos de equilibrios internos. Un estado al que podemos volver no solo cuando estamos hechas polvo, sino un recurso al que acudir cada vez que lo necesitamos; en situaciones de estrés o de agotamiento emocional. Brujer, respira, descansa y encuentra tu oasis. En definitiva, haz lo que tengas que hacer para reponerte. Sentiste la muerte en ti y ahora da paso al tímido renacer que de ella surge.

Cuando sientes que te falta equilibrio:

- Dibuja en un trozo de papel cuatro columnas, con espacio suficiente para escribir dentro de ellas.
- Pon a cada columna el nombre de uno de los elementos.
- Revisa la guía sobre los elementos que puedes encontrar en el capítulo «La brujer y la abundancia».
- Dentro de cada una, haz una lista en color rojo de las actividades a las que más tiempo estás dedicando actualmente.
- Cuando acabes, mira tus listas. Si tu columna de lo material está llena porque últimamente no paras de trabajar, planear para tu futuro y lidiar con asuntos de dinero, escoge actividades que creen un contraste respecto a lo que has escrito en color rojo. Por ejemplo, dar un paseo con los amigos (tierra).
- Para equilibrar aún más, piensa en actividades relacionadas con los otros elementos, sobre todo aquellos cuyas columnas de actividades estén casi vacías.
- Ejemplos de actividades que crean contraste cuando estás muy ocupada: medita (aire), escribe sobre tus emociones (agua) y asegúrate que tienes tiempo para tu creatividad (fuego).

Repite este ejercicio cuando requieras regresar a un equilibrio y verás cómo, poco a poco, te resultará más fácil identificar cuáles son las cosas que te sobran y cuáles son las que te faltan.

Da la bienvenida a elementos opuestos que te equilibran:

- Toma el sol y sumérgete en el agua.
- Quédate quieta y mueve las caderas. Busca el silencio y llénate de música.
- Si vives en la ciudad, ve al campo.
- Si resides en un pueblo, visita una ciudad que te inspire.
- Si puedes y quieres: ríe y llora.

Descansa:

Durante unos días intenta hacer solo lo que sea estrictamente necesario. Incluso si estás muy ocupada y sientes que no puedes dejar de hacer nada, date tiempo para pensar qué es aquello que sí puedes cancelar. Haz actividades que te ayuden a equilibrar, a rellenar lo que te falta y a vaciarte de aquello que te sobra. No intentes estructurar este tiempo, déjate llevar por la intuición.

———————— • • ————————

En resumen (paso a paso):

✓ Cuando sientas que te falta equilibrio, haz inventario de lo que más ocupada te tiene utilizando los cuatro elementos.

✓ Da la bienvenida a elementos opuestos que te equilibren.

✓ Descansa.

TERCERA PARTE

Cómo ser brujer
y no morir en el intento

Toda mujer es brujer.

No hay normas, no hay permisos especiales

ni atributos inmemoriales.

Todas somos brujeres, si nos lo permitimos ser.

Las reinas de los ciclos.

Las maestras del caos y los renaceres.

La brujer y la vergüenza

Entonces la serpiente dijo a la mujer: «No moriréis; sino que sabe Dios que el día que comáis de él, serán abiertos vuestros ojos, y seréis como Dios, sabiendo el bien y el mal». Y vio la mujer que el árbol era bueno para comer, y que era agradable a los ojos, y codiciable para alcanzar la sabiduría; y tomó de su fruto, y comió; y dio también a su marido, el cual comió así como ella. Entonces fueron abiertos los ojos de ambos, y conocieron que estaban desnudos; entonces cosieron hojas de higuera, y se hicieron delantales.

Génesis 3, 1-7,
Biblia Reina Valera

Eva fue una de las primeras brujeres, de la mítica y la mística, representada en textos antiguos. Su curiosidad —herramienta primordial de la magia— fue castigada con el destierro y con sentir, por primera vez, esa creencia que nos encoje y pone en cuestión nuestra valía: la vergüenza. En esta historia bíblica se describe la vergüenza como parte y consecuencia de un escarmiento y, miles de años después de que se escribiera, las descendientes de Eva seguimos atrapadas en un constante decidir entre una —mal percibida— seguridad en el Edén, pagada con la obediencia, o una curiosidad demonizada con la que nos arriesgamos a la deshonra.

Entonces, ¿qué pasa cuando una brujer le da la vuelta a las cosas y deja de ver la vergüenza como un subproducto de algo mal hecho, y la empieza a tratar como la raíz de (casi) todo mal?

A estas alturas ya sabes que todo tiene su luz y su sombra y no cabe duda de que la vergüenza, en su forma más sana, existe para mantenernos a salvo. Puede funcionar como alarma que intenta impedir que hagamos daño a los demás o a nosotras mismas y cometamos transgresiones. La ya mencionada Brené Brown, una de las voces más elocuentes e influyentes sobre el estudio de la vergüenza, nos habla de cómo todos sentimos esa emoción «universal y primitiva» que resulta estar basada en el miedo a la desconexión, ya que en los tiempos en los que vivíamos en pequeñas comunidades el destierro se traducía en una muerte certera. Este miedo, aclara la especialista, es muy poderoso, y en nuestra mente puede provocar la creencia de que no somos merecedoras de amor.

En inglés hay dos palabras fundamentales que se pueden traducir como «vergüenza». Por un lado está «*shame*», que yo definiría como «vergüenza tóxica o insana», y por el otro lado tenemos «*embarrassment*», que define un sentimiento de avergonzarse de algo, pero sin olvidar que otros han pasado por lo mismo, con lo que esta última tiene un componente más solidario e incluso nos puede llevar a reírnos de nosotras mismas. En este caso sabemos que hemos hecho o dicho algo vergonzante, pero no por ello creemos que merecemos menos amor o que nuestro ser, en su esencia, es «malo». Este concepto, entre tú y yo, es lo que yo llamo «vergüenza sana».

La vergüenza tóxica (*shame*), así pues, es un sentimiento que nos puede hacer creer que somos, por así decirlo, defectuosas. A diferencia de la culpabilidad, un sentimiento surgido a consecuencia de haber hecho algo mal, la vergüenza es penetrante, contiene una cualidad casi vírica. La vergüenza tóxica puede ser interiorizada de tal manera que a veces no sabemos distinguirla de nuestra propia personalidad, recuerdos o historia personal. Es más, a veces la vergüenza no es nuestra, pertenece a nuestra familia o a nuestro linaje y se pasa de generación en generación como si de ADN corrupto se tratase.

Todo esto ha hecho de la vergüenza un instrumento muy efectivo para el control social. En un episodio del 1 de julio de 2020 de su *podcast Unlocking Us*, a propósito de acontecimientos tales como la lucha contra el covid-19 o la injusticia racial, Brown nos instaba a entender que «la vergüenza es una herramienta de la opresión». Si es así, ¿cómo nos controla? No solo hay en ella una intrínseca amenaza de desconexión y abandono, la vergüenza puede ser uno de los mayores contribuyentes a una paralización de la voluntad. En su versión más extrema, esta se torna nociva, como aguas estancadas donde se ahogan sueños, ideas y potenciales hazañas. Su pestilencia está tan normalizada en nuestras sociedades que ya no la olemos, y, en ocasiones, ni siquiera comprendemos que existen otras alternativas a este tipo de existencia. Es una losa, una losa energética que llevamos, en mayor o menor medida, con nosotras a todas partes. La vergüenza nos puede volver depresivas, defensivas, egocéntricas e incluso violentas. No puedes luchar contra ella usando sus propias armas; avergonzarnos y avergonzar al prójimo no soluciona nada, solo crea un círculo vicioso.

Cuando era pequeña mis padres a veces me llamaban patosa. No lo hacían con mala intención y en esos momentos el mundo de la paternidad y la maternidad aún no era muy consciente de que hay una diferencia entre decirle a un niño «*Has hecho algo con descuido*» o «*Eres* patosa»; lo primero puede instar a un cambio positivo y a no volver a cometer los mismos errores, lo segundo es definitorio y no ofrece ninguna solución. Tampoco ayudó que en la escuela sufriera *bullying* y los críos de mi clase se rieran con frecuencia, entre otras cosas, de mi forma de correr. En mi mente infantil tales comentarios y bromas se quedaron clavados hasta tal punto que, treinta años después, aún fomentan inseguridades y vergüenza. La poca confianza en mis habilidades físicas me ha llevado a privarme de intentar ciertos deportes, tener pánico a ciertas posturas de yoga —como Sirsasana, postura donde la persona está boca abajo solo apoyada sobre la coronilla— o aprender a conducir. Este es un ejemplo de cómo algo que empezó con comentarios hechos por cuidadores y compañeros tuvo consecuencias mucho mayores para mi psique.

La vergüenza también puede estar relacionada con el miedo y sus consecuentes actitudes tóxicas. La simbiosis constante entre miedo y vergüenza se convierte en una de las trampas más perniciosas en las que podemos vivir. En mi experiencia, el miedo a cometer errores y la vergüenza que estos han generado me han provocado interminables noches en vela. Otros de mis miedos estaban detrás de algunas oportunidades echadas a perder y que la consecuente vergüenza me impidió recuperar.

El miedo ha guiado mis pasos y la vergüenza ha minado mi autoestima. Esto me ha llevado a periodos muy poco sanos en mi vida, a beber más de lo que quería, a darle vueltas a un asunto más de lo que se merecía y a perder tiempo con personas que solo hacían que exacerbar mi falta de amor propio. En definitiva, la vergüenza descontrolada e inconsciente me ha hecho perder incontables minutos de vida. Dime, brujer, ¿te suena de algo lo que te explico?

Este capítulo está basado en la famosa carta de El Diablo. La gran mayoría de la gente tiene tanto pavor a esta carta como a la carta de La Muerte. Al igual que esta, El Diablo es una representación intensamente simbólica. Es más, algo que siempre me ha parecido muy curioso es cómo en el Tarot El Diablo se parece mucho, en su iconografía, a la carta de Los Enamorados. Si en Los Enamorados encontramos a Adán y Eva desnudos y flanqueando a un ángel, en El Diablo también aparecen dos personas desnudas (una con sexo femenino y la otra masculino), pero encadenadas, y entre ellas encontramos al ángel caído. No es casualidad que el posicionamiento en ambas cartas sea tan parecido. En Los Enamorados tratamos solo el tema del amor incondicional, pero más especialmente el de la autoestima (ver «La brujer en el espejo»). La carta del El Diablo, por tanto, se convierte en la cara oscura de una misma moneda. Es una advertencia que nos enseña lo que pasa cuando sucumbimos al castigo de Eva, la vergüenza. Cuando queremos darnos cuenta estamos encadenados a creencias, inseguridades y comportamientos tóxicos.

El Diablo no solo nos puede instar a afrontar las adicciones más obvias (alcohol, sexo y drogas), sino también todos esos comportamientos que nos convierten en esclavos de hábitos o relaciones insanas. Desde comer demasiado a no comer. Desde hablar demasiado y no escuchar a no parar de trabajar. El Diablo se asocia con todo aquello que utilizamos para adormecer el dolor emocional y que nos encadena a ese círculo vicioso de miedo, dolor, vergüenza y vuelta a empezar.

Fue Lindsey Mack quien mejor elaboró una descripción de El Diablo, no como una carta que simplemente nos habla de nuestras adicciones, sino que nos insta a ir a la raíz de todas ellas: la vergüenza. En El Diablo, las personas desnudas y esclavas aún no se han dado cuenta de que sus sogas son lo suficientemente anchas como para quitárselas y escapar. Este guiño visual y simbólico no solo representa una gran lección sobre la vergüenza, sino también sobre la vida en general; la gran mayoría de los cambios no dependen de factores externos, sino de nosotras mismas. Un trabajo que requiere una gran dosis de compasión, vulnerabilidad, coraje, empatía y, cómo no, de ayuda. Es injusto, y muy poco realista, exigir que ciertos procesos se lleven a cabo sin apoyo. Eso sí, la cadena que rodea tu cuello solo puedes decidir quitártela tú.

Querida brujer, te voy a confesar una cosa que, aparte de a mi terapeuta, nunca he contado a nadie. Esta es una de las cosas que más complejo, vergüenza y estupor me generan. Sufro, a nivel moderado, de una condición llamada dermatilomanía, que consiste en la necesidad casi constante e inconsciente, no solo de tocarme la piel, sino de rascarme, exprimirme granos, vaciar poros, etc. Este es un tipo de desorden obsesivo compulsivo, y, hasta ahora, nunca había hablado clara y públicamente de él. Como un alcohólico totalmente funcional nunca me ha sido necesario hablarlo o ni siquiera entenderlo. Con el tiempo, y el trabajarme de forma personal y espiritual como brujer, se ha hecho más y más difícil ignorar este tema. Si quería hablar de la vergüenza con honestidad, tenía que empezar por mí.

Para los demás Celia simplemente tiene una mala piel —fama que yo confirmo al quejarme públicamente de la mala suerte que he tenido— y, si bien es cierto que tengo una dermis grasa y de tendencia muy ligeramente acnéica, si no me toco la piel, esta sana y puede llegar a permanecer así durante días. Como muchos desórdenes, puedo «quitarme» durante un tiempo de esta especie de hábito que, si bien no es autodestructivo, dilapida mi autoestima.

Esto me ocurre casi siempre en momentos en los que estoy estresada o siento miedo, y me encuentro, casi sin percatarme de ello, delante de un espejo machacándome la piel. Busco con la calma de un ave de presa cualquier imperfección de mi cara, para poder atacarla sin piedad. El resultado es una cara dolorida, rojiza y a veces incluso sangrante. Este es el tangible resultado de la paradoja de mi autoboicoteo: quiero esconder y eliminar ciertas imperfecciones y lo único que consigo es convertirlas en más reales y dolorosas que nunca. Los momentos en los que me dejo llevar por este deseo son oscuros: la vergüenza se mezcla con el éxtasis de algo que me proporciona un placer culpable, mis dedos van a la suya por encima de mi piel, mientras que mi mente me pide a gritos parar. Aunque suene a tópico, en cada uno de estos momentos acabo cansada y humillada, prometiéndome entre dientes que no volveré a repetirlo. Con los años y todo el trabajo personal que he ido haciendo, esta tendencia se ha ido rebajando y mi piel está mucho mejor. Tratar mi ansiedad, creer en mí misma y fortalecer mi autoestima ha ayudado mucho.

Como dice la organización Mental Health America, esta es una condición que, en la gran mayoría de los casos, es crónica, pasa por periodos en los que el comportamiento se minimiza y por otros en los que se exacerba. Según estos expertos, su origen no está claro, puede que incluso tenga un componente genético. En mi caso, lo que sé con certeza es que empeora cuando yo no estoy bien conmigo misma. Es una forma de aliviar el estrés, entumecer mis sentidos cuando estos se vuelven demasiado intensos y, al mismo tiempo, de castigarme.

Como muchas, yo crecí en una lucha interna entre la creencia de que yo no valía nada —sobre todo a nivel físico— y el deseo por la perfección física, no cometer errores, ser buena, tenerlo todo bajo control. Mi dermatilomanía es la infructuosa tensión entre la búsqueda de la belleza/felicidad y la negación de esta. Se desarrolló en la adolescencia, cuando pasé de pensar que yo no podía ser bonita a darme cuenta de que otros podían sentirse atraídos por mí. Esta es solo mi teoría, basada en mis propias reflexiones, pero hay una parte de mí que siempre se ha sentido más cómoda con la creencia de que soy fea. «Ser fea» es un refugio que me permitía quedarme en lo que conocí en mi niñez. Es un espacio donde puedo vivir de excusas, que me mantiene a salvo, y que da la razón a aquellos que intentaron definirme con insultos. Un asilo pernicioso donde no hay que esforzarse en ver otra verdad, una más incómoda, si bien mucho más poderosa y sana. Esa es que mi belleza es incontestable, va más allá de mi aspecto y trasciende mi piel. Es más, mi valía no depende de ella, porque mi merecimiento de amor y cosas buenas es intrínseco a mi existencia. Como a la de todo el mundo.

De todas las luchas internas a las que he tenido que sobrevivir como brujer, tal vez te preguntes por qué he elegido una tan poco interesante y conmovedora. La dermatilomanía no me va a arruinar la vida o me va a hacer perder trabajos o relaciones. No tiene el dramatismo de otras adicciones o síndromes. Ha tenido un impacto en la forma en que me presento en el mundo y, en ocasiones, ha minado casi completamente la confianza en mí misma, pero jamás ha puesto en peligro mi vida. Es una condición tan discreta que he podido llevarla más o menos en secreto. De todos los comportamientos tóxicos que he podido mantener, este el que más complejo y el que más vergüenza me causa.

Durante años supe que hablar de mi dermatilomanía sería la mejor forma de tenerla controlada, pero me resistía. En el momento en que me di permiso para admitir mi condición, y también para aceptar que lo más probable fuera que esta no iba a desaparecer, mi deseo de encontrarme delante del espejo para darle rienda suelta a mi sabotaje disminuyó hasta ser casi inexistente.

Durante años había intuido que yo no era la única que sufría tal trastorno, pero me había privado de buscar y compartir, por la creencia de que si alguien se enteraba de que tengo un «hábito» tan ridículo —sucio, asqueroso, estúpido y cualquiera de las otras palabras con las que mi ego desbocado define la dermatilomanía—, nunca me verían igual.

Al final, he buscado a personas que han tenido problemas parecidos y he empezado a seguirlos en redes sociales y a escuchar sus historias. Encontrar a otras personas que hablan abiertamente de sus problemas de piel o con su piel no solo me ha ayudado, además me ha motivado a ver que no importa lo pequeño que sea el problema, sino cuán grande es la vergüenza que lo alimenta. Sé, incluso cuando mis miedos me dominan, que ninguna de las personas que me quieren va a dejar de hacerlo porque sufra dermatilomanía.

Como el diablo de nuestros cuentos e historias religiosas, la vergüenza es tramposa, se disfraza y nos incita a hacer pactos faustianos. Nos ofrece un falso sentido de familiaridad a cambio de una vida que se minimiza a sí misma. Las brujeres pasan por mucho, y si eres de las que estás cansada de transformarte, de bailar con los ciclos y de adoptar nuevas perspectivas, tal vez estés tentada a dejar que la vergüenza entre en tu casa, encienda un cigarro, te mire a los ojos y te proponga un trato. Esta decisión tiene una energía parecida a la de El Carro; cuando podemos volver a lo conocido y cómodo o bien decidirnos por la exploración de nuestra jungla interior. En este caso, la decisión es más urgente y sus consecuencias más complicadas. La brujer, harta de tanta transformación y trabajo personal, puede que se rinda, y decida volver a hábitos insanos u obsesiones recurrentes alimentadas por la vergüenza y el miedo. Tal vez decida devolverle la mirada al Diablo y, con una sonrisa tímida, acepte un respiro temporal a cambio, no de su alma, sino de su magia.

¿Cómo ser más lista que el Diablo? El truco no consiste en eliminar la vergüenza o intentar cambiar de golpe la sociedad en la que vivimos; lo importante es entender la vergüenza como lo que es, algo separado de nuestra identidad, una respuesta emocional que debemos evitar que sea utilizada para destruir nuestra autoestima. Esta capacidad de distinguir, a mi parecer, no solo es una de las metas de todo ser humano, sino también una de las grandes armas de la brujer. Una que no solo pueda contra demonios internos y barrotes invisibles, sino que nos ayude en nuestra lucha para hacer de la vergüenza una maestra temporal que nos enseñe dónde están nuestros puntos flacos y ciegos. Una guía que nos permita entender que, por ejemplo, si sentimos vergüenza y nos ponemos a la defensiva, esta reacción no es responsabilidad de la persona que ha provocado tal sentimiento, sino de nosotras mismas. En otras palabras, cuando asimilamos que no estamos a la merced del Diablo, sino que este nos necesita más a nosotras que nosotras a él, entonces empezaremos a concebir que tenemos el poder de deshacernos de su presencia

Este poder no hace de la brujer una sinvergüenza; al contrario, es un ser que conoce su poder y lo retoma. La brujer de verdad no solo desarrolla lo que Brown llama «resiliencia a la vergüenza», también se vuelve una guerrera que da ejemplo de lo que es una vida en la que, si bien la vergüenza no deja de aparecer y causar dolor, no nos controla. La brujer combate este sentimiento infeccioso de forma consciente cada vez que se muestra dispuesta a ayudar a que otras compartan sus experiencias, con humildad, empatía y sin juzgar. Retomando el concepto de activismo «de ladrillo a ladrillo» de Jameela Jamil, puede que las oportunidades aparezcan en el momento en el que decidas hablar con tu jefa/e sobre cómo la cultura laboral en tu trabajo está anclada y exacerbada por unas dinámicas tóxicas basadas en buscar chivos expiatorios. Puede que tengas que dar la cara cuando por fin hables con ese familiar que siempre hace «bromas» pesadas y humillantes. Tal vez aparezca en la cama, cuando tengas que proporcionar un espacio seguro para que tu compañera/o te cuente sus intimidades o fantasías, aun cuando estas despiertan en ti inseguridades o prejuicios interiorizados.

Cómo te enfrentes a la vergüenza en tu vida es un proceso único según tus circunstancias y está relacionado con el punto en el que estés de tu camino. No todo va a pasar al mismo tiempo y el proceso es raro y peliagudo. Empieza con pequeños cambios y hazlo con respeto por tu salud mental. No siempre lo vas a hacer bien, o vas a llegar a tiempo, pero la brujer no es una experta, es siempre una eterna aprendiz, y por más que la mayoría de su trabajo se desarrolle en soledad, no se es brujer si no se intenta traer un poco de magia y luz al mundo. Y no podemos olvidar que la vergüenza ha controlado y destruido la vida de incontables brujas y mujeres —y también hombres—. La vergüenza ha enlistado a incontables aliadas y perpetradoras del patriarcado y la supremacía blanca. La vergüenza, como un perro de caza, ha ayudado a encontrar presas y a sujetarlas a la espera de que llegue su ejecutor.

Ser brujer, por tanto, no se muestra en cuántas amatistas tienes o cuántos rituales sabes manejar. La brujer se mide en su trabajo interior y en sus consecuentes actos en el mundo. La brujer combate con ejemplo, palabra y acción, porque lo contrario es una complacencia peligrosa, que, aunque pasiva por naturaleza, perpetúa activamente un sistema que nos oprime a todas.

La brujer vive y depende de un nuevo espacio —aún en desarrollo y construido por ti, por mí y por todas nosotras— que no puede crecer mientras la vergüenza tenga el poder permeable e invisible que nos encadena a ella sin nosotras saberlo. Y magia y vergüenza no pueden coexistir, una hace que la otra desaparezca.

Al principio la brujer se sumerge en este trabajo por puro egoísmo, porque cuanta menos vergüenza domine y rodee su vida, más va a crecer su magia y con ella su abundancia, amor y creatividad. Vergüenza y magia son incompatibles, cierto, pero si te adentras en toda tu brujerez verás que gran parte de tu magia surge de la vergüenza tratada y transmutada. La magia se retroalimenta de independencia, consciencia y autoridad, y se amplía con cada decisión que tomes para quererte más y supeditarte menos.

Si en el capítulo «La brujer y el coraje» te hablaba del coraje como la fuerza primordial de la brujer —llena de vulnerabilidad y compasión—, ahora te vuelvo a instar a que retomes ese concepto y te prepares para llevarlo más allá. Brené Brown lo describió de nuevo de la mejor forma posible en su libro *El poder de ser vulnerable*: «Sí, la resistencia a la vergüenza es la clave para aceptar nuestra vulnerabilidad. No podemos dar la cara si estamos aterrados por lo que puedan pensar los demás. Muchas veces "no ser bueno en la vulnerabilidad" significa que somos jodidamente buenos con la vergüenza».

En esta tercera parte del libro exploramos con más profundidad el concepto de la brujer y su supervivencia emocional y espiritual, y cómo, a través de algunas de las peores crisis vitales, se puede llegar a una liberación que nos ayude a comprender hasta qué punto el trabajo personal y solitario de la brujer influye en su entorno y —¿por qué no?— en el mundo. En este paradigma tenemos la capacidad de intuir hasta qué punto lo individual es universal, lo micro es macro; cuán única eres y, a la vez, cómo formas parte de un todo.

Por ahora, volvamos a la pregunta que te planteé al principio de este capítulo: ¿qué pasa cuando una brujer le da la vuelta a las cosas, deja de ver la vergüenza como un subproducto de algo mal hecho y la empieza a tratar como la raíz de (casi) todo mal? Pues que sucede de todo: se abre la caja de Pandora, nos quedamos desnudas, salimos de la prisión llamada Edén, vendemos en Wallapop las hojas de parra como «artículo *vintage* de lujo, hecho con fibras naturales», nos divorciamos de Adán y le devolvemos su puta costilla para que se la meta donde le quepa... Nos liberamos, nos engrandecemos y entendemos hasta qué punto nuestra magia es profunda y poderosa. Sin más.

• EJERCICIOS •

Las diferentes vergüenzas que llevamos con nosotras pueden ser pequeñas o grandes, obvias o veladas. Si sientes vergüenza por un acontecimiento especialmente traumático o una vergüenza conectada o producto de tus adicciones, te aconsejaría que hablaras con una especialista. Las sesiones pueden ser caras, así que intenta informarte en el centro de la mujer de tu barrio o pregúntale a tu médico para ver qué opciones hay a tu disposición. A veces, solo el hecho de dar el primer paso y buscar ayuda hace que la vergüenza pierda gran parte del control que tiene sobre ti.

Sea cual sea el efecto que la vergüenza tiene en tu vida, debes entender que este es un tema complejo y muy individual que necesita un trabajo muy personalizado. Mi intención, por tanto, no es la de darte un hechizo mágico que ponga en marcha todo aquello que la vergüenza ha paralizado. Lo que intento es echar luz sobre nuestra relación con la vergüenza y el efecto, muchas veces inconsciente, que esta tiene sobre nosotras. Como la gran mayoría de los asuntos brujeriles, el trabajo de desenredar creencias que nos empequeñecen o nos hacen daño requiere de mucho tiempo y paciencia.

Creo que este es el momento oportuno para recordar que el compromiso auténtico con nosotras mismas, que incluye el cuidarnos, perdonarnos y querernos, es lo que despierta verdaderamente nuestra magia. De nada sirve leer libros esotéricos llenos de hechizos, comprar cristales o encender velas si no transmutamos nuestro interior usando una aproximación llena de sentido común, creatividad y confianza en nuestras propias habilidades.

Comparte:

Seguro que crees que conoces todas tus «vergüenzas», pero si haces una lista a lo mejor te sorprendes. De las más simples a las más dolorosas, intenta anotar todo lo que constituya una espina de vergüenza clavada en ti. Siempre que te resulte seguro y no suponga un problema mayor, compártelo con tus personas más allegadas. Si siempre te has considerado una persona muy abierta y crees que lo has compartido todo, te aconsejo que intentes ahondar para encontrar vergüenzas nuevas. También puedes escribir en tu diario reflexiones sobre tu relación con la vergüenza y qué cosas hiciste para superarla. Sea como fuere, escribir o verbalizar estas idiosincrasias te ayudará a quitarles hierro y a minimizar su poder sobre ti. Conserva la lista contigo, porque en «La brujer y la luna» compartiré un ejercicio para afrontar miedos y vergüenzas.

Siguiendo mi propio ejemplo y después de haber acabado este capítulo, decidí compartir mi dermatilomanía con mi pareja. No podía esperar que nadie que leyera este libro y siguiera mi consejo a ciegas sin yo haberlo seguido. Te puedo asegurar que no fue fácil, estaba compartiendo un secreto que había mantenido envuelto en vergüenza desde mi adolescencia. Me costó encontrar las palabras, me paré unas cuantas veces y, al final, lo verbalicé. Es cierto que cuando alguien comparte un secreto de este tipo —y cuando el destinatario de tal verdad responde con compasión y empatía— te invade una gran oleada de alivio. Lo que no esperaba es que fuera mi pareja el que pareciera el más aliviado desde el momento en que empecé a hablar. Explicarle mi experiencia le dio permiso para compartir su no siempre sana relación con la piel. Nuestros casos no eran los mismos, pero mi honestidad abrió espacio para la suya, y los dos nos sacamos un peso de encima.

Esto me confirmó lo que ya sabía: que compartir mis andaduras sobre esta forma de microlesionarme me ayudaría en multitud de formas. También me enseñó hasta qué punto el coraje puede ser contagioso.

Conecta con tu coraje:

No es casualidad que la segunda parte de este libro empiece hablando del coraje y que, ahora, en la tercera parte, empecemos hablando de la vergüenza, porque estos conceptos están conectados y exigen que llevemos nuestra capacidad de vulnerabilidad a un grado más profundo.

Esto se puede empezar a hacer reflexionando sobre qué es lo que para ti significa coraje. Piensa en el primer capítulo («La brujer y el abismo») y en todos los pequeños o grandes comienzos que hayas vivido; recuerda cómo te sentiste y reflexiona sobre qué es lo más te ayudó en esos momentos. Cuando hayas acabado y estés preparada, te recomiendo lo siguiente: haz una lista de pequeños actos de coraje que puedas llevar a cabo en tu día a día. Solo tú sabes cuáles son; si te hacen sentir vulnerable, seguramente son los acertados. Por ejemplo, envía un mensaje a aquella persona con la que las cosas se han enfriado, canta delante de alguien, apúntate a aprender algo nuevo, olvida el maquillaje y lleva la cara lavada. No importa cuán pequeño sea el gesto, siempre y cuando escojas valentía por encima del miedo y la vergüenza.

En resumen (paso a paso):

✓ Si sientes que es necesario, busca ayuda.

✓ Comparte con personas con las que te sientes cómoda y que sabes que no van a juzgarte.

✓ Conecta con tu coraje:

- Reflexiona sobre lo que significa para ti el coraje.
- Haz inventario de momentos pasados llenos de este tipo de fuerza.
- Lleva a cabo pequeños actos llenos de valentía.

La brujer y el caos

En mi comienzo está mi fin. Una tras otra
las casas se caen y se alzan, se derrumban, se amplían,
se eclipsan, se destruyen y restauran; o en su solar hay
un campo abierto, una ronda o una fábrica.
La piedra vieja es para el nuevo edificio, la vieja leña para fuegos
nuevos, los fuegos nuevos para las cenizas, y las cenizas para la tierra
que es en sí carne, piel y excrementos,
tallos y hojas de cereales, osamenta de hombre y bestia.

T. S. ELIOT,
Cuatro cuartetos

Fue el día después de mi treinta y siete cumpleaños. Mi casa estaba hecha un caos. No era consecuencia de la fiesta, más bien de una temporada de mi vida llena de retos personales que no me dejaban tiempo para más; la cocina daba asco y el suelo estaba cubierto de pequeños restos de barro del jardín. Era como si un pequeño huracán hubiera pasado por mi casa. Todo mi mundo se había convertido en un reflejo externo de mi interior. En el espacio de unos años, parecía que mi vida hubiera estado dirigida por un torbellino que siempre me llevaba hasta un constante volver a empezar. Cada vez que construía algo, se desvanecía ante mí. No importaba si me mudaba de país, empezaba un nuevo trabajo o relación. Todo lo que lograba conseguir se corrompía. Fueron años en los que periodos de una frágil felicidad se alternaban con meses de lidiar con los escombros, lamerme heridas y recuperarme para volver a empezar. Me sentía como Sísifo, cuya penitencia en el infierno consistía en rodar una gran roca colina arriba una y otra vez, para toda la eternidad. ¿Te has sentido alguna vez así, brujer?

Pero nada es eterno. Hasta en los momentos más bajos de esos años tumultuosos, mi intuición salía, tímida y discreta, para susurrar que si las cosas se derrumban es porque están mal cimentadas, que nada puede mantenerse sobre vigas podridas, que todo proyecto, trabajo o relación necesitan bases sólidas, y hasta que no aprendemos a construirlas y a decir adiós a lo que no nos sirve, el caos vendrá para llevarse por delante lo que no hemos tenido el coraje de desmontar nosotras mismas.

En mi caso, mi ego se resistía al caos y se lanzaba al victimismo. Mi intuición, a menudo ignorada, me intentaba enseñar que al otro lado del dolor y el agotamiento estaba mi verdad. Más allá de las relaciones caídas y los sueños rotos, se encontraba en el camino que me llevaría al sitio donde mi yo auténtico —aquel que va más allá del ego y sus recelos— siempre había querido ir.

Así pues, tardé mi tiempo, pero le di la bienvenida al caos. Dejé que hiciera su trabajo.

Y aquella mañana después de mi cumpleaños, su obra se veía en las pequeñas y grandes cosas: mi casa desordenada, mi lista interminable de recados por hacer, la incertidumbre de no saber cómo iba a llegar a fin de mes, el temer que nadie jamás me amaría y sentirme incapaz de imaginar cuál era mi lugar en el mundo. Llegó un momento en que me rendí, paré de pensar, respiré profundamente y comprendí que cada vuelta a empezar había sido un regalo, cada destrucción, una oportunidad. No sabía hacia dónde me dirigía, aun así, notaba un nuevo tipo de empuje en mí. Había bajado del carro, había pagado el precio y me había adentrado en la jungla solo para descubrir que más allá de esta había cientos de junglas más por explorar.

El caos del que aquí te hablo se puede equiparar a lo que los maestros espirituales y alquimistas llaman la Noche Oscura del Alma, término inspirado por un poema de San Juan de la Cruz. En 1577, el ahora santo fue apresado por ser parte de la reforma Teresiana, que promulgaba un retorno a la austeridad y la sencillez de sus monjas y monjes, y que resultó en la creación de la Orden de los Carmelitas Descalzos. Se cree que cuando el santo escribió este poema estaba en prisión o acababa de escaparse de ella. San Juan de la Cruz nunca tituló su obra «Noche Oscura del Alma», pero hizo referencia a dicho concepto en su poema, considerado una de las grandes obras de la literatura mística española. Siglos después esta expresión ha sido utilizada de una forma u otra por poetas, como T. S. Eliot o maestros espirituales, como Eckhart Tolle. Las interpretaciones pueden variar, pero siempre se refiere a un momento de crisis, fundamentalmente espiritual, pero también personal. Nos hallamos tan inmersas en la oscuridad de ese momento que es difícil ver más allá. El significado de lo que está sucediendo se nos escapa y puede que nos sintamos desesperanzadas, perdidas y enfadadas con el universo. Nuestras creencias tal vez se queden cortas y no puedan consolarnos, nuestras habilidades nos fallan y nuestra mente se rinde. Creemos que hemos sido brujeres aplicadas, hemos hecho los deberes y puesto en práctica cada una de las lecciones espirituales y mágicas que hemos ido aprendiendo. A pesar de todos los esfuerzos, nos encontramos perdidas en la noche oscura.

Es demoledor, sin duda, pero también es sanador. En el capítulo de La Muerte hablábamos de la posible resistencia a los cambios interiores simbolizados por el concepto de la muerte como transformación en vida. Y el caos, la tormenta que todo lo arrastra, la torre que se desmorona, es lo que sucede cuando no hemos llevado a cabo algunos de los cambios que nuestra intuición nos ha estado indicando; cuando ignoramos su voz, cuando hacemos caso omiso a la muerte, cuando nos negamos a bajar del carro, cuando no nos podemos deshacer de ciertos comportamientos porque nos mueve la vergüenza… Si tenemos suerte, el caos vendrá para poner todo esto en su sitio y llevarse por delante todo aquello que considere un impedimento para hacernos crecer, como Saturno en su retorno. El caos es un arquetipo muy parecido al de la muerte, solo que su energía es más fuerte y su transformación viene como consecuencia de sucesos externos que nos sacuden, literal o simbólicamente.

En 2008 vivía en Chengdu, una ciudad de China en la provincia de Sichuan. Una tarde en que estaba dando clases de Inglés en una escuela de primaria, el edificio empezó a temblar. Los dos minutos que duró el temblor parecieron alargarse durante horas. Al principio no entendimos lo que sucedía, los móviles no funcionaban, y no fue hasta más tarde que supe que acabábamos de vivir un terremoto de escala 8.

El terremoto no fue mi caos particular, este fue un acontecimiento real, con consecuencias mucho más concretas para las legiones de personas de la zona que ya vivían en situaciones empobrecidas o vulnerables. Incluso en medio de toda esa destrucción, mi situación de extranjera europea seguía protegiéndome. Lo que sí es cierto es que el caos de aquellos días vino acompañado de rupturas y finales que tenían, tarde o temprano, que acontecer; la ruptura con el chico por el que estaba tan loca aunque no me convenía, el trabajo que tenía que conseguir no surgió y, en consecuencia, no me quedé en China, volví a Barcelona y, un año más tarde, aterricé en Bristol.

Los días que siguieron al terremoto, y a sus réplicas, estuvieron llenos de confusión y de incertidumbre, una sensación que solo volví a tener durante el principio del confinamiento de la pandemia de 2020. La sensación de no saber cuán peligroso es el peligro anunciado. El no saber qué va a pasar, el sentir que hay que estar alerta mientras tu naturaleza humana busca momentos de distensión e incluso refugiarse en el humor… En situaciones de crisis siempre me ayuda recordar algo que pasó unas 48 horas después del terremoto. El chico con el que estaba decidió ir al epicentro de la catástrofe. Un canal de noticas norteamericano no tenía tiempo de enviar a un reportero y se lo pidieron a él, quien ya había subido algunas fotos a la página del mismo canal. Yo no quería quedarme sola esperándolo —nunca he sido del tipo de persona que se queda en casa— e insistí en que quería ir con él. Los dos nos montamos en su moto y condujimos durante kilómetros hasta llegar a uno de los pueblos más cercanos a la zona cero. A ratos parecíamos una pareja que iba a explorar el campo de Sichuan y olvidaba que desde el momento del terremoto algo en aquel chico había cambiado, algo que anunciaba el fin al que siempre habíamos estado sentenciados. A medida que nos acercábamos a nuestro destino, más difícil se hacía el intento de fingir que aquel era un día normal. Las carreteras estaban llenas de gentes que huían en dirección contraria a donde nos dirigíamos. No solo coches, recuerdo a familias enteras compartiendo motos no mucho más grandes que la nuestra. La llegada a la ciudad estuvo repleta de caos, militares, camiones, helicópteros y muchas personas marchándose del lugar o acampadas en las calles. Parecía una película. Para nosotros, la adrenalina del momento —una especie de éxtasis extraño, adictivo y mezquino— no se calmó hasta que no empezamos a focalizar y a entender lo que de verdad estaba pasando a nuestro alrededor. Primero vimos una torre en un edificio medio caído. Luego los muertos en la calle cubiertos de mantas, sus familias velándolos y quemando incienso, casas cortadas por la mitad —una con una tele aún conectada a un enchufe que se mantenía en lo poco que quedaba de pared—. Además de los muertos, fueron los juguetes entre los cascotes —la pregunta de si había criaturas entre los escombros— lo que cortó el chute de adrenalina del primer momento para dar paso a una tristeza tan grande que me enmudeció. Nos fuimos de la ciudad e hicimos un amago de llegar lo más cerca posible a la zona cero, pero la carretera estaba abierta en grietas que, sin intentar caer en obviedades, recordaban a heridas abiertas. Recuerdo el templo en escombros, los perros esperando delante de las puertas de casas vacías y destrozadas, los campesinos caminando por las carreteras en dirección a la ciudad, sin llorar, con una dignidad y un aplomo que quedó marcado para siempre en mí. Yo tampoco lloré, solo estaba callada con un silencio que me invadía desde dentro que no había sentido en mi vida y que ahora solo reencuentro en momentos de mucho dolor.

Decidimos no intentar llegar al epicentro porque era muy peligroso y explorar la falda de la montaña. Nos paramos en un pueblo en ruinas, con sus gentes viviendo en tiendas al lado de la carretera, generadores, pequeños puestos improvisados donde vendían agua y tabaco a los pocos viajantes que pudieran pasar por allí. Nos paramos a charlar con una anciana, sentada frente a su casa medio destruida por el terremoto. Mi memoria de ese momento no es perfecta, pero recuerdo pensar que aquella casa parecía que llevaba tiempo así; tenía la callada solemnidad de las ruinas antiguas. Mi pareja hablaba con la anciana, su chino era mucho mejor que el mío, pero intenté entender qué decían. No había quedado ninguna casa en pie, pero nadie había muerto en ese pueblo y todo el mundo parecía de buen humor, un buen humor propio de los fuertes, de los que saben que el caos va y viene, de los supervivientes expertos. La anciana estaba más preocupada por mí que por ellos. Él les preguntaba si necesitaban algo —al fin y al cabo, somos extranjeros, tenemos privilegios y complejos de salvadores blancos—, pero ella solo quería saber si habíamos comido. Mi memoria tal vez ha ficcionado el momento y, aunque siempre he relatado esta escena de la misma manera, sin cambiar detalles, a veces me olvido de que yo estuve allí y de que aquella experiencia no forma parte de una película que vi algún día. En mi recuerdo, la anciana le preguntó por qué yo estaba tan triste, él extendió los brazos señalando a nuestro alrededor y ella respondió algo así como: «Dile a tu amiga que no se preocupe, que la vida sigue».

Fueran estas sus palabras o no, esto es lo que mi corazón entendió o quiso entender. Eso sí, aún me acompaña la sonrisa cálida de aquella anciana.

La vida sigue, la vida sigue, la vida sigue.

Incluso en el peor de los momentos, estas palabras consiguen hacerse un hueco en mi mente. Como los mantras que me han acompañado durante cada tormenta.

La. Vida. Sigue.

Otra de las grandes frases que llevo conmigo es la que mi hermana me dijo en 2012, cuatro años después del terremoto. La misma frase que convertí en el mantra «más fuerte, sabia y sexi» y que introduje en «La brujer y la intuición». El día que mi hermana me dijo esta frase, yo estaba en la cama, de lado, llorando porque el padre de mi hijo y yo habíamos roto. En aquel momento sentía ese dolor que te aprieta el estómago y que provoca las emociones más intensas y viciosas. Lloraba con ganas, con un dolor antiguo y casi ancestral. Dolor que viene de la infancia, dolor que he heredado de las mujeres que antes que yo han sufrido lo mismo, parecido o peor. Lloré porque tal vez a ellas no las dejaron llorar. Lloré con ganas, con saliva pegada entre los dientes, con gritos sordos pero elevados que suben desde el útero. Hay algo adictivo en ese llanto, no quería parar, estaba dejando que las lágrimas salieran de mis ojos y se dispersaran por mi cara sin pedir perdón. Ya no me importaba si mi cara estaba roja, hinchada o fea. Saqué el dolor a chorros, sin disculpas.

Aun así, estaba intentando no perderme en ese festival de la autoconmiseración. Me cogía la barriga mientras lloraba, intentando que mis pequeños espasmos no afectaran a la criaturita que crecía en mí. Estaba de poco más de seis meses, vivía en otro país y no tenía a mi familia cerca. Ya había tenido tiempo para teorizar sobre lo pasado, darle vueltas, hacerme fuerte, reírme agriamente de la situación. Ese día, en cambio, me abrí en canal, me permití entrar en el victimismo del «¿Por qué yo? ¿Por qué a mí?». Y fue en ese preciso momento cuando mi hermana me dijo su frase y acto seguido escuché a mi intuición por primera vez en mucho tiempo. Es más, ese momento dio paso a comprender que lo que estaba pasando, aunque doloroso, era necesario.

Yo no elegí conscientemente convertirme en madre soltera y, en su momento, si me hubieras preguntado si quería que mi pareja y yo lo dejáramos estando embarazada, te hubiese dicho que eso era lo último que deseaba en el mundo. Pero la verdad es que fue lo mejor que podía pasar, para mi prometido, nuestro hijo y también para mí. Porque lo importante es lo que vino después. Las decisiones tomadas y las lecciones aprendidas. Pasado un tiempo, en lugar de encerrarme en el dolor, fui poco a poco aprendiendo de lo que había pasado e intenté sanarme a través de la situación, no me senté a esperar a que se resolviese. Ocho años más tarde, el padre de mi hijo y yo somos felices en nuestras respectivas vidas y tenemos una buena relación; esa ruptura fue extraña y dolorosa para todos, pero fue lo mejor que podría haber pasado. Para todos. Es más, ese momento me hizo brujer y fue el inicio de una etapa asombrosa, plena y llena de magia.

La carta del Tarot que ejemplifica este arquetipo es La Torre. La escena lo dice todo. Una torre alcanzada por un rayo que se desmorona y de la que caen al vacío dos personas ahogadas en sus propios gritos. Como ves, brujer, el caos se nos hace presente en mil formas y manifestaciones, y su energía es siempre la de la destrucción que es necesaria. Piensa en los caos de tu vida, en las torres derruidas, y encontrarás tus historias personales de reconstrucción.

Este capítulo se abre con el inicio de uno de los poemas de los *Cuatro Cuartetos* de T. S. Eliot. En él el escritor prosigue hasta describir perfectamente lo que, a mi entender, es la agonía de encontrarse en medio del caos y, a la vez, ese instante en el que, a pesar de todo, nuestra intuición nos habla y entrevemos lo que nos espera al acabar la noche oscura del alma:

Le dije a mi alma: debes estar sosegada y esperar sin esperanza,
pues la esperanza sería esperanza de algo malo; sin amor espera
pues el amor sería el amor de algo malo; queda la fe,
pero la fe y el amor y la esperanza están todos en la espera.
Espera sin pensar, pues para pensar aún no estás listo:
así la oscuridad será luz y la quietud danza.

La luz y la danza. El poema lo encapsula muy bien. La luz que solo puede nacer de las tinieblas. La danza que toda brujer nació para bailar.

Para este capítulo te propongo un ejercicio sencillo que te ayudará a navegar por los momentos de caos. Te recomiendo que lo practiques a menudo. Utiliza episodios menores de ansiedad que puedan aparecer en tu día a día.

- Quédate quieta, pon tus manos sobre el vientre y respira.
- Concéntrate en la medida en la que puedas en tu respiración.
- Inhala contando hasta cuatro.
- Luego retén aire también en cuatro segundos.
- Exhala contando otra vez.
- Espera cuatro segundos con los pulmones vacíos de aire para luego volver a empezar el ciclo de respiraciones completo.
- Repite tantas veces como necesites.

Puedes variar el número de segundos con los que haces este ejercicio. Si puedes llegar a siete, verás cómo los beneficios calmantes de este tipo de respiración aumentan.

No esperes a estar sola para respirar, puedes hacerlo en el coche, en una reunión, cuando hablas con tus hijos o con amigos.

Cuando respires, sin pensar demasiado, intenta aplicar todas y cada una de las habilidades brujeriles que has aprendido hasta ahora. No podrás recordarlo todo, simplemente siéntelo con cada respiración. Se trata más de una sensación que de una serie de pensamientos racionales. Date ese momento para confirmar con cada inhalación y exhalación quién eres, cuánto vales, cuán importante es tu sitio en el mundo. Toma este pequeño momento de ansiedad como una oportunidad de adentrarte en un microcaos y superarlo. Una forma segura de entender que casi todo desastre puede ser una oportunidad para regenerar algo que está en ti, esperando a ser construido o rediseñado. Intenta sentir cómo, al calmar el sistema nervioso y la voz del ego con tus respiraciones, puedes conectar con la parte de ti que está bajo la superficie. Imagina un mar tormentoso que, en su fondo, se mantiene sereno y oscuro: es ahí donde puedes encontrar tu intuición y entender que este caos, como tantos otros, tarde o temprano va a finalizar.

En resumen (paso a paso):

✓ Practica las respiraciones con cuatro fases y cuatro segundos, cuando tengas momentos de ansiedad.

✓ Utiliza las respiraciones para recordar y asimilar todo lo aprendido.

La brujer y el retorno a sí misma

Tal vez un día llegaré a rastras a casa, abatida, derrotada,
pero no mientras mi corazón pueda crear relatos y mi dolor belleza.

SYLVIA PLATH,
Diarios Completos

Después de cada tormenta encontramos la calma. Después del caos
debemos buscar el descanso.

La carta del Tarot que nos proporciona el arquetipo con el
que trabajamos en este capítulo es La Estrella. Su energía es parecida a la de La Templanza, las dos tienen en común la sanación después de periodos difíciles. En La Templanza aprendía-
mos a encontrar un equilibro interior. En La Estrella cuidamos
de nuestro sistema nervioso mientras recuperamos nuestra esperanza y empezamos a vislumbrar un nuevo futuro. Una mujer se baña en un pequeño estanque, desnuda, es de noche pero
se entrevé una luz proporcionada por una estrella. La carta nos
habla de ese momento de descanso antes de continuar con nuestro camino, guiados por la estrella, nuestro norte, nuestro compás interior.

Este retorno a nosotras mismas es una reacción opuesta a la del Caos que presentábamos en el capítulo anterior. Si este se definía por un acontecimiento exterior, La Estrella nos recuerda que nos podemos refugiar en nuestro interior. Si el Caos demanda que seamos resolutivas, La Estrella nos permite encarnar las épocas en que las amazonas daban tregua a sus batallas.

Tal vez sientas, como yo, que la relación que tenemos con el hecho de cuidarnos es complicada. Aunque te hayas adentrado lo suficiente en los campos de la espiritualidad, creatividad y bienestar, puede que sigas dejando tus cuidados para un después que nunca llega. Cuando ahondo en las partes de mi inconsciente que, sin saberlo, marcan ciertos patrones de mi comportamiento, me encuentro, por un lado, con la necesidad de ser productiva, de equiparar el hacer con mi yo, esto es, ese yo con el carácter de mi madre, que nunca se estaba quieta.

Tu experiencia tal vez sea diferente a la mía, cada situación es diferente, el acceso al tiempo y los recursos pueden variar dependiendo de cada brujer. Sea cual sea tu relación con el descanso, lo esencial es que desarrollemos la habilidad de escoger lo que expande nuestra magia por encima de lo que no. Cada vez con menos excusas, y utilizando todos los trucos de brujer que has ido acumulando a lo largo de este libro y de tu vida, dale prioridad a lo que te expanda, te empodere y te regenere.

La lista de cosas que nos ayudan a recuperar nuestra energía es parecida a otros consejos que han ido apareciendo en el libro. Escoge:

- Lo que te apetece por encima de lo que no.
- Gente que te entienda y te eleve por encima de la que no.
- Momentos de soledad y creatividad por encima de compromisos sociales.

Si descubres que, sin saber por qué, te resistes a priorizar tu descanso, te aconsejo que leas «La brujer y la luna» para ir desbloqueando posibles creencias interiorizadas que sean la raíz de tales resistencias.

Y aunque este sea un camino muy personal, te invito a que compartas tus hallazgos y trucos. Porque en este punto de tu camino como brujer se empieza a desarrollar más que nunca el puente entre lo personal y lo colectivo.

Haz un plan 3-3-3:

Este es un plan que va a ayudarte a crear armonía entre la acción y los momentos que te permiten encarnar el descanso representado en La Estrella. Puedes combinar este plan con el ejercicio sobre los elementos presentes en «La brujer y el equilibrio».

- Escribe tres objetivos para un año o para un proyecto concreto.
- Escoge tres hábitos y tres acciones a realizar cada mes y/o

semana —dependiendo de cuán preciso quieras hacer tu plan— que te ayuden a cumplir esos objetivos. Reserva tiempo para llevarlos a cabo. Si tres te parecen demasiados, reduce el número sin sentirte culpable. Hacer una cosa es mejor que intentar hacer tres y no completar ninguna.

- Escoge tres periodos de tiempo cada semana para hacer nada, descansar y/o ir a terapia psicológica, por ejemplo. Parecido a lo que te pedía en el capítulo «La brujer y la soledad» o «La brujer y el equilibrio», pero, en esta fase, hazlo de forma más estructurada y regular. Por ejemplo, bloquea tiempo a la misma hora cada semana, e intenta que no sea negociable cambiarlo por nada o por nadie.

Si lo de descansar lo tienes por la mano:

Hay brujeres que ya saben planear su tiempo e incorporar momentos de total bienestar. Si es así, enhorabuena, espero que celebres a menudo este logro. Aprovechando que ya tienes por la mano el saber cuidarte, te pediría que intentes identificar cómo puedes traer más intención a tus ratos de descanso. Por ejemplo, tal vez seas muy buena descansando, pero no te hayas planteado nunca ir a terapia. ¿Hay algún tipo de terapia que te pueda ayudar en este momento y que sea asequible? O puede que seas como yo y rellenes cada hueco con proyectos y cosas por hacer aun cuando «estoy descansando». ¿Serías capaz de encontrar tiempo para no hacer nada, para estar sumida en ninguna obligación o propósito?

———— • • ————

En resumen (paso a paso):

✓ Escoge lo que te da energía y te regenera.

✓ Planea tus descansos.

✓ Llénalos de intención.

La brujer y la luna

En la noche dichosa,
en secreto, que nadie me veía,
ni yo miraba cosa,
sin otra luz y guía
sino la que en el corazón ardía.

SAN JUAN DE LA CRUZ,
«Noche Oscura del Alma»

Todos los caminos de la brujer nos llevan a navegar por la noche oscura de nuestra psique. Ahí donde se acumulan secretos y se desvelan los acertijos de nuestra sombra. Durante el día, todo se ve con claridad, pero bajo la luna caminamos a tientas. Imagínate perdida en una noche sin contaminación lumínica; todo lo que vas a ver son siluetas, ayudada por momentos por los destellos translúcidos de la luna. Es una exploración agotadora, a la vez que indispensable y fascinante.

La Luna es también el nombre de la carta en la que basa este capítulo. De todas las imágenes de la arcana mayor, esta es tal vez de las más enigmáticas y difíciles de descifrar. Una luna (la sabiduría interior y la intuición) que brilla casi tanto como un sol se alza en el cielo entre dos torres; en la tierra un perro (nuestros instintos más controlados) y un lobo (los instintos más salvajes) le aúllan delante de una especie de lago (el inconsciente) del que sale una langosta (nuestra sombra integrada, llevada al plano consciente) que parece que vaya a seguir un camino de tierra (el proceso de hacer consciente lo inconsciente) y que continúa hasta pasar entre las dos torres (la frontera entre el consciente y el inconsciente, vigiladas por el ego). El surrealismo de esta imagen nos recuerda al de los sueños y no es casualidad; esta carta tiene una intencionalidad muy clara: alentarnos a examinar los recodos de nuestra psique.

Mientras el capítulo «La brujer y el caos» describía el proceso de la Noche Oscura del Alma como una crisis que, aunque necesaria, en ningún caso hemos escogido, en este capítulo, por el contrario, el viaje al que hacemos referencia es voluntario. Nos adentramos en la parte más escondida de nuestra psique con conciencia y curiosidad. Una vez hemos superado y curado las heridas del caos, el siguiente trabajo también nos va a llevar a las tinieblas, si bien sabiendo en todo momento que nuestro objetivo no es quedarnos en ellas.

Fue el psicólogo suizo Carl Gustav Jung quien desarrolló el concepto de sombra que tanto ha influenciado al pensamiento sobre la magia en *brujeres*. La sombra es, según Jung, una parte del inconsciente, donde el ego reprime o esconde partes de nuestra personalidad que no queremos reconocer, nos avergüenzan o simplemente no nos gustan. Esto no significa que todo lo que se esconde en la sombra sea malo; en ella podemos encontrar aspectos negativos, pero también positivos, tales como impulsos creativos o instintos. Todo aquello que en algún momento fue causa de vergüenza se oculta, incluidas las partes más inspiradoras de nosotras mismas. Para Jung, es necesario que integremos la sombra, es decir, que la investiguemos, aceptemos y nos responsabi-licemos de lo que hemos escondido. Sin ese trabajo no llegaremos nunca a ser nosotras mismas del todo y podremos acabar desarro-llando complejos, neurosis o proyecciones. Estas últimas se mues-tran cuando personas concretas nos irritan sobremanera sin saber por qué; normalmente son aquellas que exhiben cualidades que nosotras hemos enterrado. Como te puedes imaginar, explorar tu sombra —o como a veces la llamo, la jungla— no es fácil, pero es un proceso fundamental en el camino de la brujer. En China y otras culturas del Este asiático se ve a la flor de loto como un sím-bolo de pureza porque crece hermosa y fuerte en las aguas más pantanosas. Como esa flor, la magia —tu magia— se expresa con la luz, pero nace y crece entre las sombras. Aunque suene a tópi-co, es cierto: sin sombra no hay luz, sin luz no hay magia.

Muchas brujeres cuando llegamos a la fase caracterizada por La Luna nos echamos para atrás. Es posible que decidamos de-jar la sombra en su sitio, bajo la alfombra de nuestra mente cons-ciente. Como dijo Carl Jung: «La gente es capaz de hacer cualquier cosa, por absurda que sea, para evitar enfrentarse a su propia alma». Por tanto, es humano y comprensible no querer hacer este trabajo, porque nuestra mente, dirigida por el ego, siempre va a intentar protegernos. Pero como también dijo el psicólogo: «Na-die se ilumina imaginando figuras de luz, sino por hacer cons-ciente la oscuridad».

El mundo de la espiritualidad y la brujería está lleno de atajos que ofrecen caminos seguros y rápidos para llegar a una vida más abundante y llena de bienestar. Algunos de estos funcionan, pero solo de una forma superficial. Otros son útiles cuando una brujer es principiante y quiere probar algo que le sea llevadero. Estos ata-jos, por tanto, nos ofrecen técnicas que pueden sernos beneficio-sas, pero se convierten en un problema cuando pensamos que estas son las únicas maneras que tenemos de «manifestar» lo que queremos. Y al sector espiritual le encanta hablar del concepto «manifestar»: la práctica clave, el sanctasanctórum de la magia y una palabra que he intentado evitar a toda costa. Yo prefiero hablar de «hacer que las cosas pasen»; una aproximación más realista que da cabida a todas las realidades de un proceso como este: el caos, la confrontación con la vergüenza, los sentimientos personales y las circunstancias externas, cuando desbancamos creencias que nos limitan, los obstáculos que nos impiden llevar a cabo aquello que queremos en la vida. Atraer —y créeme, «atraer» y «la ley de la atracción» son expresiones de la jerga espiritual que también evito— lo que queremos no sucede gracias a un don o a un poder especial. Muchas cosas, no todas, ocurren cuando dejamos de comportarnos como nuestras peores enemigas y para dejar de hacer tal cosa debemos hacer las paces con nuestra sombra.

Por tanto, cuando hacemos «que algo pase», estamos utilizando todos las lecciones aprendidas y habilidades adquiridas en este libro y en la vida. Así se fortalece la idea de que «hacer que las cosas pasen» es un trabajo de cada día. Porque, como también dijo Jung: «Hasta que el inconsciente no se haga consciente, el subconsciente dirigirá tu vida, y tú le llamarás destino».

Por tanto, es mejor no ignorar la sombra si queremos cambiar las cosas y vivir de forma más espiritual y plena. Esta es una de las verdades que más me costó aprender y a la que más me resistí. Meditaba casi cada día, me cuidaba, hacía yoga y rituales en cada luna llena… ¿Acaso no era eso suficiente? Mis experiencias me han enseñado que no. Como he mencionado varias veces, cada persona puede y debe elegir qué tipo de brujer quiere ser. Sin embargo, algo que todas compartimos es nuestra faceta de exploradora de nuestra alma, mundo, psique y entorno. La brujer se mueve con curiosidad y amor propio. La brujer es a la vez una defensora de su originalidad e investigadora de su universalidad. La brujer se adentra en la noche, asustada, pero sabiendo que al otro lado la espera el sol, para arroparla, curarle las heridas y bañar su piel desnuda.

• EJERCICIOS •

Podemos trabajar con nuestra sombra de muchas formas distintas, pero si sabes o sospechas que en tu sombra se esconden traumas que no deberían salir sin la ayuda necesaria, tal y como recomendé en «La brujer y la vergüenza», te aliento a que no hagas ese trabajo sola. Grupos de ayuda, terapias analíticas, sesiones de Programación Neurolingüística (PNL), hipnoterapia y terapia de desensibilización y reprocesamiento del movimiento ocular (*Eye Movement Desensitization and Reprocessing*, EMDR), pueden darte un gran apoyo o incluso ayudarte a superar traumas. La terapia más adecuada para ti puede llevarte tiempo y requerir de mucha paciencia.

En este capítulo he resumido conceptos extremadamente complejos a la vez que hago referencia a algunas de las teorías Carl Gustav Jung. Este capítulo es breve porque, de forma directa o indirecta, me he referido a este tema durante todo el libro, especialmente desde el principio de la tercera parte. Tengo muy presente que en solo unos párrafos no puedo hacer justicia al arquetipo de la luna, es decir, la investigación de la psique y la integración del inconsciente. Mi intención es escribir sobre la importancia que tiene, a mi parecer, el trabajo de sombra y su relación con la brujer. Te recomendaría que leas e investigues sobre psicología jungiana y que esboces conclusiones y desarrolles tus propias prácticas. Recuerda que en www.brujeres.net/libro encontrarás recursos y recomendaciones. Al fin y al cabo, este libro intenta crear un marco de referencia para que tú lo rellenes con tus conclusiones, ejercicios y experiencias.

En los ejercicios de los capítulos «La brujer y el coraje» y «La brujer y la vergüenza» te he pedido que hicieras listas con tus miedos o aspectos de ti que te susciten vergüenza. Me gustaría que releyeras estas listas porque en ellas se esconden bloqueos o resistencias que residen en tu subconsciente.

En el capítulo «La brujer y la vergüenza» hablo de cómo mi miedo a conducir está basado en la creencia de que no tengo suficientes reflejos y habilidades físicas y, por tanto, me genera una resistencia a aprender a llevar un coche. Investigando mi sombra encontré no solo esa creencia, sino que también tuve que hacer frente a un miedo aún más enterrado en mi inconsciente: si aprendía a conducir, tendría un accidente y podría matar a alguien. Esto reitera la idea de que detrás de miedos, vergüenzas o creencias que nos limitan se esconde un deseo de protegernos a nosotros y a aquellos que más queremos. Desenterrar esa creencia me ayudó a poner las cosas en perspectiva y darme cuenta de que otros comparten miedos similares y han sabido superarlos. Por otro lado, ese fue solo el inicio de un trabajo más profundo, que me llevó a la conclusión de que reconocer un miedo no siempre es suficiente para cambiarlo. Tuve que revisar muchos de mis recuerdos y reprogramarlos de diferentes maneras. No solo usé los ejercicios que recomiendo a continuación, también he trabajado con el programa de la ya mencionada Lacy Phillips.

Así pues, revisa tus listas e intenta reconocer patrones en común. En un diario o con notas de voz en tu móvil responde a estas preguntas:

- ¿Ves algún patrón o correspondencia entre tu lista de vergüenzas y tu lista de miedos? Es decir, un miedo que provenga de algo que nos genera vergüenza o al revés, ¿están relacionado con un suceso en tu vida?
- ¿Sabes de dónde provienen? ¿Recuerdas cómo se originaron?
- De las correspondencias entre miedos y vergüenzas que has trazado, ¿hay alguna que tenga más peso en este momento de tu vida? Por ejemplo, ¿has encontrado en tu lista actitudes sobre el dinero que no sabías que tenías y que están bloqueando tus posibilidades de generar abundancia, algo que, para ti, es prioritario en este momento?
- Apunta al lado de cada uno de estos patrones un pequeño plan con acciones que te podrían ayudar a integrarlos. Puede que se trate de hablar con una persona cercana, escribir sobre ello, intentar llevar a cabo algo que te da miedo, compartir tu proceso en las redes sociales o meditar, utilizando, por ejemplo, el ejercicio explicado en «La brujer y la incomodidad».

Esto es un proceso, y exploraciones como las que describo en este capítulo pueden tardar años; es más, tendrían que ser parte de prácticas y rutinas que duren toda la vida. Cada vez que creo que he hecho un gran descubrimiento o que conozco todo lo que tenía que conocer sobre mí aparece algo nuevo que quiero tratar. Practicar el agradecimiento y la compasión son fundamentales. Intenta no rendirte ni ser demasiado perfeccionista y hacer los ejercicios con febril intensidad para obtener resultados rápidos. Es esencial que en este punto repases todo lo que has aprendido sobre tu intuición y su forma de comunicarse con tu yo consciente. Porque tu voz interior te va a ayudar muchísimo en este proceso.

En resumen (paso a paso):

✓ Si es necesario, encuentra la terapia o técnica psicológica más adecuada para ti.

✓ Revisa las listas que has hecho en capítulos anteriores.

✓ Intenta encontrar patrones en común que desvelen bloqueos o resistencias.

✓ Crea un plan de acción para integrar tus bloqueos o resistencias.

La brujer al desnudo

Durante la mayor parte de la historia, Anónimo era una mujer.

VIRGINIA WOOLF,
Una habitación propia

En el proceso de escribir este libro he descubierto muchas cosas sobre mí misma. Una de ellas ha sido una insospechada resistencia para ser vista y mostrarme al mundo. Hasta mis más allegados se han sorprendido al oír que tal cosa podría suponerme un problema. Lo era, y aún en gran medida lo es. Aunque una gran parte de mí ansía compartir mis ideas, liderar empresas e inspirar a personas, otra ha hecho todo lo posible para evitar cualquier grado de visibilidad que mi ego consideraba inaceptable o inseguro. Bajo una, en ocasiones, falsa impresión de seguridad y positividad, aún me pesaban los recuerdos de la infancia y la adolescencia en los que ser yo misma había tenido repercusiones negativas. Me di cuenta de que me escondía, limitándome, haciendo justamente lo opuesto a lo que pido a cada brujer: que encuentre su voz y que salga a la luz.

¿Tú te escondes, brujer? ¿Utilizas tu voz? ¿O la mitigas o adaptas?

La «voz» es lo que yo utilizo para definir todas las expresiones integradas de nuestra personalidad. Durante mucho tiempo, busqué en agentes externos —redes sociales, amigos e incluso parejas— respuestas a las grandes preguntas sobre mi personalidad. Y, esto no te sorprenderá, de nada sirvió.

A base de seguir la senda de la brujer, recuperé mi voz, la definí y la consolidé. Sin embargo, cuando tocó sacarla a la luz se quedaba encallada en la boca de mi garganta, o cuando salía, era de una forma filtrada y diluida, convertida en una versión más aceptable de cara a los demás y que me hacía sentir más cómoda. Me paraba trampas a mí misma: abría cuentas de Instagram que no mantenía, tuve grandes ideas y las empequeñecí hasta ahogarlas… En otras palabras, hice el trabajo, visité mi sombra, me enfrenté a mis vergüenzas y, a la hora de la verdad, me escondí. Todo cambió al escribir este libro. Al repasar mis consejos e ideas, he tenido que enfrentarme con lo que tantas veces he dicho a otras brujeres y que aquí también te digo: tarde o temprano, es necesario navegar por tu sombra para encontrar las razones por las no te estás mostrando en plena luz, con total integridad y autenticidad.

Hasta no hace mucho me hubiera parecido impensable reconciliar mi lado espiritual y brujeril con el de mi trabajo en sectores más convencionales. La existencia de ambos mundos me llenaba de ansiedad y preguntas: ¿puedo escribir sobre la intuición y, al mismo tiempo, trabajar en un proyecto en el ayuntamiento de mi ciudad? ¿Puedo mencionar arquetipos tarotianos en una reunión con clientes a los que asesoro? ¿Puedo hacer diferentes trabajos sin dejar de ser yo misma?

La respuesta es que sí, porque todo el trabajo que he hecho en los últimos años me ha llevado a mostrarme cada vez más como soy. Ha sido un proceso con muchos altibajos, pero cada vez valoro más mis habilidades, opiniones y gustos personales, incluso cuando estos podrían parecer contradictorios. Es más, soy una profesional que se atreve a conciliar estos aspectos menos convencionales con su trabajo. Ser brujer es ser parte de un nuevo paradigma, y eso no va a suceder si no rompemos esquemas. Si bien no tengo una certeza de hacia dónde me están llevando estos cambios, al menos sé que he pasado de ser la chica nerviosa, a la que le daba apuro decirles a sus jefes que tenía un negocio de Tarot, a ser la brujer que acepta y maneja conscientemente sus diferentes facetas y no teme compartirlas.

En un mundo donde la sociedad legitima ciertas reglas de uniformidad estética y normas sobre lo que debes hacer y lo que no, encontrar tu voz puede ser tan difícil como apabullante. Es más, si en momentos del pasado lo has intentado y has sido ridiculizada o no te has sentido apoyada, es muy fácil que tal falta de seguridad provoque que te empequeñezcas y te quite el deseo de mostrarte abiertamente. Nuestro cerebro está diseñado para repetir patrones y copiar comportamientos, y por esta razón, a menudo, entra en contraposición con los deseos de nuestra alma. El alma nos pide ser audaces y que vivamos nuestra verdad, mientras que la mente nos exige que recreemos cada escenario en el que tal audacia nos podría costar la salud, la reputación e incluso nuestra seguridad personal. Las brujas lo sabían, la gran mayoría de las mujeres lo asumen y la comunidad LGBTQ+ y las minorías que ya son mayorías lo viven cada día. Por eso tantas brujeres pasan por todas las fases del libro y, cuando llegan al arquetipo de El Sol —el de mostrar tu voz sin recelos, el de tomar espacio en el mundo de una forma desvergonzada y el de celebrarte sin tapujos— se encallan.

Después de La Luna, en este capítulo conocemos la carta El Sol. En ella, un niño desnudo (símbolo de la inocencia) abre las manos hacia nosotras, las espectadoras de la escena, y monta sobre un caballo blanco (pureza salvaje). En la carta también vemos un gran sol, unos girasoles y mucha alegría. El Sol nos transmite esperanza y nos anima a revelar las partes de nosotras que antes escondíamos.

Si ahora mismo te pidiera que hicieras una lista de las brujeres que más admiras, estoy segura de que todas ellas han sabido compartir su singularidad con el mundo. Seguramente conoces su trabajo, sus opiniones y, en definitiva, su magia, porque se han atrevido a hacerla pública. Su atrevimiento puede ser tu motivación. Y tú también puedes convertirte, sin duda, en la fuente de inspiración de otras.

Desarrollar y compartir nuestra voz no solo es posible, también es un derecho y un privilegio. Una pequeña revolución. Con cada voz que se alza, abrimos nuevas vías de ejemplo e inspiración para otras mujeres y para las nuevas generaciones. No hay dos personas o caminos iguales y esa autenticidad nos da permiso para despertar nuestra voz y entender a un nivel más profundo la importancia que tiene compartirla. Con cada una de nuestras vivencias podemos reconocer experiencias universales que nos unen. No solo te insto a que compartas tus proyectos o tu arte, como hacía en el capítulo «La brujer y la creatividad»; aquí subrayo la importancia de mostrarnos como somos en cada aspecto de nuestra vida.

Encontrar nuestra voz y hacer de ella una nueva contribución al mundo se puede perder en el ya mencionado fenómeno de las «vidas de escaparate» que tanto saturan las redes sociales. La respuesta a tal tendencia no yace en dejar de compartir, sino en el de hacerlo con criterio e integridad. Cuando lancé la página web para leer y enseñar Tarot lo hice como experimento, cierto, pero también movida por una necesidad que, en realidad, no casaba con mi esencia. Cuando esta falta de integridad aparece en mi vida, me cuesta encontrar el tiempo o la motivación, paso demasiado tiempo en detalles sin importancia, estoy más cansada de lo normal y siento un nudo en el estómago. Es decir, mi cuerpo y mi mente me envían señales muy claras cuando pongo energía a un proyecto que no es para mí. Para saber cuándo hay una armonía entre nuestro corazón, voz, alma e intención es necesario escuchar muy atentamente nuestra intuición y las respuestas de nuestro cuerpo. Cuando esa consonancia sucede, es cuando estamos preparadas para compartir lo que antes escondíamos.

Después de tantos viajes por selvas, sombras y tinieblas la brujer por fin sale a relucir en todo su esplendor. Nada la puede parar. La brujer al desnudo es la que se acepta y desata su voz. Es la brujer al sol, en plena luz. Su magia reverbera a su alrededor como un aura que, si bien invisible, es totalmente incontenible y la hace brillar.

• EJERCICIOS •

Definir tu autenticidad:

Este concepto ha sido tan meneado, utilizado, repetido y esgrimido que tal vez hasta te dé un poco de tirria. Lo entiendo. A mí también me cuesta.

La autenticidad que más útil me resulta como concepto brujeril no es un concepto con principio y fin, como tampoco es lineal. Ser auténtica puede significar no saber quién eres y no tener las cosas claras. Es una sinceridad con límites personales saludables que no nos intenta definir, pero que nos sirve de baremo para saber que lo que estamos compartiendo está en integridad con lo que somos y por lo que estamos pasando en ese momento. La autenticidad es más un ejercicio de honestidad con nosotras mismas que un resultado. En lugar de «ser auténtica» intenta «practicar la autenticidad», y verás cómo el concepto cobrará una nueva vida. Cuando practicas este concepto no te pones presiones, y hay partes de ti que antes te hacían sentir incómoda que ahora parecen emanar de ti con mucho más desparpajo. No tendrás que preguntarte si estás siendo auténtica, primero porque sabes que es un proceso, no un resultado, segundo porque notarás de forma intuitiva cuándo vives en consonancia con quien tú eres. Lo sentirás en tus huesos, en tu piel y tu sonrisa, brujer.

¿Cómo saber que te estás mostrando al mundo con integridad?:

Un ejercicio muy sencillo que se utiliza en el mundo del *coaching* es el de identificar dos o tres palabras claves que resuman tus valores e intenciones. Estas palabras no son fijas y puedes cambiarlas por otras cuando quieras. Puedes aplicar esta técnica y escoger palabras distintas para cada proyecto o momento vital (años, estaciones, una semana concreta, etc.). Empieza por encontrar términos que engloben tus valores generales y que sean aplicables a todos los aspectos de tu vida. Si, por ejemplo, sientes que los valores que mejor concuerdan con tu personalidad y tus deseos de vida son los de la creatividad y libertad, utiliza estas palabras —y lo que ellas significan para ti— para evaluar si tu vida trabaja con o hacia estos conceptos. Es decir, si te ofrecen un trabajo y este no alberga oportunidades para desarrollar ni creatividad ni libertad, puede que sea mejor que no lo aceptes. Por supuesto, hay grados y matices, y a veces no nos queda otra que consentir algo que no está del todo en línea con nuestra verdad, pero con este ejercicio lo haremos con conocimiento de causa y podremos corregir nuestro rumbo tan pronto como nos sea posible.

Encuentra tu voz:

Paso número 1. Hay mil y una cosas que podemos hacer para encontrar nuestra voz, pero algo sencillo y divertido es escoger un día —un fin de semana, por ejemplo, en el que no tengas muchas responsabilidades— en el que solo hagas lo que te gusta. Solo lee lo que te inspire en ese momento, come lo que se te antoje, habla solo con quien te apetezca. Sigue tu intuición y curiosidad, observa dónde te lleva e intenta entender el porqué.

Repasa el capítulo «La brujer y la intuición» y aplícalo a este día tuyo y solo tuyo. Si puedes, te recomiendo que tengas un bloc de notas y vayas escribiendo cómo te sientes durante estos días. Si no tienes tiempo, puedes seguir el ejercicio del plan 3-3-3 del capítulo «La brujer y el retorno a sí misma», resérvate uno de los bloques de tiempo para descansar y reutilízalo para hacer este ejercicio.

Paso número 2. Rodéate, en la vida real o en las redes sociales, de gente que admires. Sin importar si son amigos, autores o *influencers*. No intentes emular lo que te gusta de ellos, encuentra el porqué los admiras y cómo eso se traduciría en tu vida.

Lacy Phillips acuñó la palabra «*expanders*» para definir a aquellas personas que tienen o hacen lo que a ti te gustaría tener o hacer. Podrían equivalerse a la idea de los modelos a seguir. Sin embargo, Lacy llevó el concepto más allá, ya que los *expanders* son personas que pueden haber tenido en la vida dificultades parecidas a las tuyas y aun así, por alguna razón, han conseguido lo que querían. Por tanto, estas personas «expanden» tus ideas de lo que es posible. Por ejemplo, siendo madre soltera siempre sentí que no tenía las mismas ventajas que otras mujeres con parejas que les pudieran dar apoyo. Tanto el tiempo como el dinero escaseaban. Encontrar ejemplos de mujeres reales que a pesar de ser madres solteras consiguieron hacer grandes cosas fue esencial para motivarme. Este concepto se basa en ciertos aspectos de la neuropsicología y la neuroplasticidad, en particular el estudio de las neuronas espejo. Simplificando mucho, estas neuronas nos ayudan a reflejar comportamientos y actitudes que observamos en aquellas personas que nos rodean. Asimismo, la idea de *expanders* se puede relacionar con la expresión popular «ver para creer»; si creemos que algo es posible, es mucho más fácil que podamos llevarlo a cabo.

Pero aquí me gustaría que fueras más allá del «ver para creer»:

- Escoge personas que se ajusten a lo que hemos descrito como *expander*.
- Familiarízate con sus vidas, sus logros y sus retos.
- Imagina, si tú tuvieras algo parecido a ellos, cuán diferente sería. Es decir, no te dejes llevar por su ejemplo y especifica qué es lo que tú quieres.
- Puedes anotar lo que te venga a la cabeza en tu diario o grabando notas de voz en tu móvil.

Mimi Thorisson es una bloguera de cocina chino-francesa que Lacy Phillips me dio a conocer al mencionarla en su *podcast Expanded*. Empecé a seguir la cuenta de Instagram y el blog de Mimi por curiosidad y se convirtió en una de mis *expanders*. Mimi empezó a escribir sobre cocina, se mudó a una granja renovada en la campiña francesa y actualmente vive en un apartamento de lujo en Turín. Si hacemos caso a su blog e Instagram esta señora se pasa el día cocinando, comiendo, cuidando de sus ocho hijos y viajando. Siempre muy guapa, estupenda y glamurosa. Su marido es un madurito atractivo y los dos siempre van impecablemente vestidos. Sus casas están decoradas con un gusto *vintage* exquisito… ¿Quién no querría esa vida? Yo no. Reflexionando sobre el porqué esta mujer me inspira, llegué a la conclusión de que me gusta el hecho de que combine tan bien su carrera y su familia. Me encantan sus viajes por el Mediterráneo y su gusto por las cosas bellas. Aun así, cada vez que veo fotos de su casa en Francia pienso en el frío que debe de hacer allí en invierno, ni loca tendría tantos hijos y, aunque sea un poco cocinitas, nunca me pasaría el día cocinando. Gracias a Mimi, y también en contraposición a ella, he ido haciendo inventario de cómo mis ensoñaciones sobre una vida «ideal» son muy particulares y diferentes a las de cualquier *influencer*, y esto me da pistas sobre quién soy, cuál es mi voz y qué es lo que quiero. Y lo que yo quiero sigue mi estilo, mi ética, que es realista y es accesible. Es más, observar cómo Mimi comparte su vida me hace pensar en lo que yo escondo de la mía. Te guste o no, la encuentres «de pose» o sincera, ella está compartiendo algo único e irrepetible. Hay miles de cuentas y blogs sobre cocina, pero ninguna es como ella y eso me recuerda que nadie es como yo. Ahora piensa: ¿cuál es tu versión de un ideal que, aunque se inspire en la vida de otros, en realidad es tuyo y solo tuyo?

Paso número 3. Lee libros sobre gente que tú personalmente encuentres que tienen una voz única. Empápate de su voz y utilízala para reflexionar sobre la tuya.

En resumen (paso a paso):

✓ Define tu autenticidad.

✓ Escoge tus palabras clave.

✓ Evalúa si vives en integridad utilizando tus palabras clave.

✓ Escoge tus *expanders,* aprende sobre sus experiencias.

La brujer y su renacer

Me habría olvidado del titilar de las estrellas y de la música de la aurora, no habría vuelto a volar en mi vida (…) pero uno no puede cambiar lo que es, lo único que puede cambiar es lo que hace.

PHILIP PULLMAN,
Luces del Norte

Al final del camino, y después de pasar por las fases de la arcana, la brujer llega a su renacer; el resultado de todas las transformaciones por las que ha pasado, la asimilación de todas las enseñanzas. No es un estado de perfección ni de iluminación, más bien es un sentimiento en el que todo se alinea. Nos sentimos completas —aunque sea por unos instantes— sin necesidad de nada externo. Una confianza cabrona te invade, parece nueva, pero, en realidad, siempre estuvo ahí. Y lo sabes. Sabes que te has encontrado y ya no piensas volver a perderte. En este renacer, ya no necesitamos retornar a nosotras mismas. Porque ya somos *esas* mismas.

Uno de los fenómenos más parecidos a este renacer es lo que Jung llama «individuación», el proceso que tiene como fin integrar y aceptar todas las partes que nos convierten en quienes somos, de una manera total e única.

La individuación nos lleva de regreso al «sí mismo», el cual se puede entender como centro de nuestro ser y trasciende la personalidad, e incluye las partes conscientes e inconscientes de nuestras experiencias. Asimismo, nos describe una transformación de la persona, tanto en su realidad externa como en la interna. El resultado es una aceptación de la totalidad de lo que somos, que, en resumidas cuentas, nos hace personas más libres y que viven más en paz consigo mismas. ¿Te suena de algo, brujer?

En «La brujer al desnudo» hablábamos de encontrar tu voz, la forma de expresar tu singularidad en el mundo; con la individuación asimilamos lo que es inconsciente y transpersonal para llegar al centro de nuestro ser. Estos procesos tan fundamentales esconden en sí mismos una gran paradoja con la que, como brujer, tendrás que familiarizarte; a medida que más integras todas las partes de ti, más te trasciendes a ti misma. Somos una, polvo de estrellas, tal como dicen muchísimas de las corrientes espirituales.

Este estado final de la brujer es la danza mágica entre lo individual y lo universal, lo humano y lo divino, lo material y lo espiritual. La brujer es ferozmente individualista y a la vez consciente de su unión con la naturaleza y otros seres humanos. La brujer invierte en su tiempo y bienestar, pero también contribuye a su comunidad. La brujer mira a las estrellas y tiene los pies firmemente anclados a la tierra.

Con este capítulo conocemos la penúltima carta de la arcana mayor, El Juicio. En la carta vemos al ángel del Juicio Final tocando su trompeta desde el cielo, y, en la tierra, un cementerio lleno de lápidas abiertas de las que se levantan muertos, o más bien seres resucitados, mirando hacia arriba y extendiendo los brazos, como si estuvieran en un éxtasis de veneración y súplica. Esta imagen, con su excesiva pomposidad religiosa, nos distrae del significado primordial del arquetipo de la carta —mucho más potente, aunque también accesible—, que es el renacer interior de la persona, y, sobre todo, de la razón por la que hemos sido capaces de tal hazaña: el perdón.

El perdón es, a mi parecer, la clave para encontrar la armonía propia de las brujeres, el último paso en todas las fases de este libro, tanto el origen como la consecuencia del amor incondicional, lo que facilita la comprensión y aceptación de todo aquello que se teje entre lo material y lo metafísico.

«Elige siempre el amor por encima del miedo», me dijo Sally, la terapeuta de regresiones, aquel día que le pregunté cómo reconectar con mi intuición. Con el tiempo entendí hasta qué punto el miedo irradia vergüenza y culpa, y cómo el amor abre espacio para que nos perdonemos a nosotras mismas, para luego perdonar a los demás. Para mí, esa es la última liberación de la brujer, la mejor ayuda en este proceso de integración y, a la vez, su mayor premio.

Dice la doctora Pinkola-Estés en *Mujeres que corren con los lobos*:

El perdón tiene muchas capas y muchas estaciones. En nuestra cultura se tiene la idea de que el perdón tiene que ser un todo o nada. [...] La mujer que es capaz de otorgar a alguien o a algo trágico o perjudicial un porcentaje de perdón del noventa y cinco por ciento es casi digna de la beatificación cuando no de la santidad. Un setenta y cinco por ciento de perdón y un veinticinco por ciento de «No sé si alguna vez podré perdonar del todo y ni siquiera sé si lo deseo» es más normal. Pero un sesenta por ciento de perdón acompañado de un cuarenta por ciento de «No sé, no estoy segura y todavía lo estoy pensando» está decididamente bien. Un nivel de perdón del cincuenta por ciento o menos permite alcanzar el grado de obras en curso. ¿Menos del diez por ciento? Acabas de empezar o ni siquiera lo has intentado en serio todavía. Pero, en cualquier caso, una vez has alcanzado algo más de la mitad, lo demás viene por sus pasos contados, por regla general con pequeños incrementos. Lo más importante del perdón es empezar y continuar. El cumplimiento es una tarea de toda la vida.

No solo estoy de acuerdo con Pinkola-Estés; a mi entender, es el permitirse —ese «darse permiso» tan mágico del que siempre hablo— perdonar y así desbloquear todo aquello que nos impide renacer.

Tal vez creas que no tienes a nadie a quien perdonar, pero las oportunidades de hacerlo pueden venir cuando menos te lo esperes y de los sitios más insospechados. Fue a medio camino de acabar este libro cuando recibí una llamada de mi hermana para decirnos que nuestra tía abuela, la tía Artura, se moría. Me preguntó si yo también podía ir. Colgué y la mano me temblaba. Busqué vuelos, hablé con mi jefa y empecé a preparar el viaje.

El pueblo, ese lugar que en el imaginario colectivo español siempre se visualiza con cielos azules, casas blancas y días interminables al sol. El pueblo es para muchos de los que no viven permanentemente allí el lugar de retorno, el refugio lejos de la ciudad. El espacio donde se celebraban las fiestas, diste los primeros besos y te dejaban beber tinto de verano. Para mí el pueblo era eso y mucho más. Es en el pueblo donde se encuentran todos los hilos invisibles de mi herencia ancestral. Es el sitio donde, lo quiera o no, algo en mí que podríamos llamar el alma se expande, buscando respuestas; donde mis facciones —y las de mis hijos— encuentran reflejos sesgados en parientes lejanos. Ahí se me muestra una cultura familiar que no es mía del todo, que me suena, como una canción de antaño escuchada en la radio. Como en el pueblo y en cualquier espacio ancestral, la brujer se encuentra tanto como se pierde. Es ahí donde me confronto con la historia de mi familia, en el contexto de las leyendas locales y de la historia nacional. El contraste de las culturas que me habían criado reflejaba externamente muchas de las contradicciones internas por las que yo había navegado desde mi infancia. Escarbar en mi genealogía podía provocar sentimientos encontrados, y asimismo abría en mí un espacio para la humildad, la aceptación y, sí, también el perdón. Cuando nos preparamos para buscar y entender nuestros orígenes también nos exponemos a expandir nuestra magia y a asimilar la complicada relación entre lo heredado y lo escogido. Aceptar que quien eres es, en gran parte, producto de tu pasado y de tus antepasados y a la vez concebir que, sin importar lo que llevas a cuestas, siempre vas a tener una pequeña franja de libre albedrío que puede crear una nueva realidad personal.

Al día siguiente de aquella llamada había dejado Inglaterra y me encontraba en el pueblo. Mi madre cuidaba de mi tía, y mi hermana y yo la ayudábamos como podíamos. Cambiar a mi tía era lo más difícil, una mujer de noventa años que nunca se casó y siempre lo hizo todo sola. Yo quería mucho a Tía Artura —nunca la llamábamos Artura, siempre fue la Tiartura, como si hubiera nacido con ese nombre—, pero nunca habíamos tenido mucho de qué hablar. Mi madre, con sus ideas y formas de vivir, ya representaba un salto generacional enorme respecto a su madre y su tía. Lo que había entre nosotras y la Tía Artura era un abismo. El mismo abismo en el que siempre había creído que las enseñanzas, la comprensión y la magia se perdían, cayendo por su propio peso y sin hacer ruido ni producir un eco.

Fue en esos momentos cuando mi hermana y yo presenciamos la resolución con la que mi madre cuidaba de la anciana, a la vez que esta batallaba contra el dolor, que la palabra «fortaleza» empezó a reverberar en mi mente.

Los días en casa de mi tía fueron tristes, incómodos y a ratos llenos de un aire cargado de dolor y disgusto. Compartir espacio con alguien que se muere es agotador. Yo solo estuve tres días, mi madre se quedó seis semanas. Mi experiencia fue tan nimia como egoísta: fui unos días, me despedí de mi tía y tuve conversaciones importantes con mi hermana. Gocé del privilegio de poder pensar en la muerte sin tener que vivirla en mi propia carne. Pero también, y no sin reticencia, pude asumir que no siempre había aceptado mis orígenes familiares. Les otorgué y me otorgué un perdón que solo yo necesitaba.

La muerte de mi tía es suya, no es para mí y mis revelaciones. Fue su vida y no la mía quien tuvo que afrontar la muerte física y el dolor.

Cuando empecé a interesarme por lo espiritual, una parte de mí —una más grande de la que me gusta admitir— creía que este tipo de experiencias y sus consecuentes revelaciones sucedían primordialmente durante sesiones de ayahuasca o en retiros de meditación vipassana, rodeada de naturaleza y de gente que se casca seis horas de yoga al día. Con el tiempo descubrí que la vivencia de la brujer es muy distinta. Los grandes momentos nos vienen en lugares tales como una casa sombría llena de santos en la pared y olor a muerte venidera. La brujer encuentra la magia en todos sitios los y la vida nos brinda oportunidades hasta en las circunstancias más inesperadas y tristes.

Esos días de despedida en casa de mi tía encontré un renacer diferente; la vida de la anciana entretejida a la mía, así como a la de las otras mujeres de mi familia. El abismo se cerró para dar paso a un nuevo camino hacia el futuro, uno iluminado por mis ancestras, esas provenientes de generaciones perdidas en el olvido.

Recuerdo cuando mi tía alargó la mano para que se la cogiera mientras mi madre y mi hermana la cambiaban. Su piel fina, casi de papel, en contraposición con la rugosidad de sus quistes. Los huesos marcados y los músculos casi inexistentes. Cogiendo su mano no pude evitar tener un *déjà vu* de cuando di a luz y, llevada por el dolor, tomé las manos de mi madre y del padre de mi hijo.

• EJERCICIOS •

Perdona:

Perdona, brujer. Perdónate a ti misma por cosas que ni siquiera sabías que necesitabas perdón. Y, si puedes, empieza a perdonar a aquellos que te hayan hecho daño. Utiliza los temas que identificaste en los ejercicios de «La brujer y la vergüenza» como referencia para encontrar cosas que quieras perdonar. No te presiones, recuerda que es un proceso y que tal vez nunca lo llegues a otorgar de forma entera.

Cuando estés preparada para perdonarte:

- Siéntate delante del espejo, a poder ser desnuda.
- Pon las manos sobre el pecho, respira hasta llenar la barriga, exhala despacio, repite siete veces.
- Acepta cómo te sientes en este momento: ridícula, vulnerable, incómoda…, todo está bien y todo es normal.
- Cuando estés preparada, repite en voz alta: «Me doy permiso para empezar a perdonar…».

- Repítelo varias veces, cambia la frase como puedas, tal vez cobre más sentido, tal vez lo pierda.
- Llora si te apetece llorar. Abrázate y recuerda que has iniciado un proceso que es a la vez un principio y un fin, un acabar renaciendo.

En resumen (paso a paso):

✓ Perdona y perdónate.

✓ Encuentra en tus listas cosas que quieras o necesites perdonar.

✓ Cuando estés preparada, sigue los pasos para hacer el ejercicio frente al espejo.

La brujer y el mundo

Nunca dejaremos de explorar
Y el final de las exploraciones
Será llegar adonde comenzamos
Para conocer por primera vez el lugar.

T. S. ELIOT,
Cuatro Cuartetos

Hemos llegado, brujer.

Juntas hemos hecho el viaje de la brujer y la carta del Tarot El Mundo nos muestra el final del trayecto y la celebración de un proceso completado. El mensaje de la última carta del Tarot es sucinto —como este capítulo— y potente: has llegado a la cima, ahora respira, admira las vistas y prepárate para bajar y encontrar una nueva montaña por escalar. Brujer, el mundo es tuyo. Tómalo. Celébrate. Mira hacia atrás para ver cuán lejos has llegado y volver a empezar, pero, esta vez, más fuerte, sabia y sexi.

La brujer trabaja con la magia que proviene del interior y que se expresa de mil formas tanto en los lugares más obvios, como también en los más insospechados; en nuestra creatividad y en nuestro activismo. Para encontrar esta magia hay que desarrollar la confianza en nosotras mismas, trabajar la combinación de intención con atención, escoger en cada momento dónde ponemos nuestra energía. Si queremos ampliarla hay que ser conscientes de lo que nos empodera y de lo que no, trabajar nuestra capacidad de tener perspectiva y trabajar creencias más inconscientes; traerlas a la luz y convertir lo escondido en tesoros que nos guían y nos transforman.

Nunca olvides que todas llevamos una brujer dentro y la sacamos cuando vivimos en nuestra verdad personal. Con cada momento que compartimos nuestra magia, nuestro alrededor y nuestro mundo se convierten en un sitio más divertido, más interesante y menos gris, patriarcal y opresor. En resumidas cuentas, brujer, este planeta maravilloso y cansado te necesita y solo tú puedes escoger cómo vas a contribuir a él. Ten confianza en que tus experiencias son tus maestras, tus reflexiones, nuevas enseñanzas y tus ilusiones, planes transformadores. No sientas el peso del mundo, no te pongas presiones para hacerlo todo o a lo grande o de golpe. Cuanto más auténtica seas en tu camino brujeril, más intuirás la huella que vas a dejar y a aquellas personas a las que puedes ayudar. Con cada gesto, tanto aquellos más mínimos como aquellos más magníficos.

La naturaleza sigue el ritmo de los ciclos, como también lo hace nuestra vida. Por eso acabamos este libro donde empezamos: abriendo el capítulo con una cita de los *Cuatro Cuartetos* de T. S. Eliot, mi cita preferida. Espero que al releerla desveles en ella significados que antes no viste y te susurre nuevas verdades para las que antes tal vez no estabas preparada.

En el camino de la brujer, con cada secreto que desvelamos entendemos que hay muchos más que permanecen escondidos.

Con cada viaje a nuestras profundidades desenterramos miedos, deseos y facetas de nosotras mismas que ni siquiera sabíamos que existían. La búsqueda de nuestra magia nunca ha consistido en llegar a puerto después de un largo viaje, es ese territorio sin forma al que pertenecemos, más allá de condiciones externas y limitaciones físicas. Este trabajo dura toda la vida, y exige de nosotras lo opuesto a la arrogancia espiritual con la que nos topamos a menudo, es decir humildad, compasión, agradecimiento y esa vulnerabilidad llena de coraje que una necesita cada vez que nos paramos, tomamos aire y decimos «Yo fui, soy y seré brujer».

• EJERCICIOS •

Completa el Manifiesto brujer:

El siguiente apartado es un manifiesto que resume cada capítulo y está formado por mantras. Mi consejo es que lo leas y añadas al final tus propios mantras. Así puedes crear una lista única que resuma lo que has aprendido y te facilite reflexionar sobre tu proceso durante este libro.

Mira hacia atrás con la actitud de la que se dirige hacia delante:

Para acabar te invito a que repases las listas, escritos y arte que hayas creado durante la lectura de este libro. Puedes empezar por el ejercicio de «La brujer y la magia» y, si es necesario, hazlo de nuevo, compara lo que escribiste entonces con lo que has escrito ahora. Repasa otros capítulos del libro. Intenta notar los cambios que ha habido en ti. Planea tu siguiente etapa, sueña con nuevos retos, prepárate para el abismo y ¡salta!

En resumen (paso a paso):

✓ Completa el Manifiesto brujer.

✓ Repasa ejercicios, tus escritos y capítulos.

✓ Planea la siguiente etapa.

Manifiesto brujer

(22 capítulos - 22 mantras)

El Manifiesto brujer resume cada capítulo de este libro en 22 mantras. Llévalos contigo, utilízalos como afirmaciones cuando necesites ese momento de empoderamiento. También puedes transformar cada mantra en una pregunta que te ayude a reflexionar sobre los diferentes temas tratados en *Brujeres*. Por ejemplo, en el punto I, correspondiente a «La brujer y la magia», puedes preguntarte: «¿En qué momentos de mi vida no he sentido que la magia esté en mí? ¿Qué sucedía en ese momento?». Al final de esta lista de mantras encontrarás unas líneas vacías, que te invitan a que acabes el manifiesto y lo hagas tuyo.

Primera parte

0. Cuando siento la llamada del abismo, me preparo, respiro hondo y salto.
I. La magia está en mí, la magia soy yo.
II. La intuición es mi sabiduría interior, mi aliada y mi guía.
III. La abundancia empieza por la confianza y es definida por mí misma.

IV. Tengo el derecho natural de tomar espacio en el mundo.

V. Yo puedo ser parte de un nuevo paradigma, la ancestra de las nuevas generaciones.

VI. Recorro el camino de la autoestima cada día, una y otra vez.

VII. Salir de la zona de confort es saltar un segundo abismo.

Segunda parte

VIII. No hay magia sin coraje.

IX. En los ecos de mi silencio encuentro a la maestra, en ella me encuentro a mí.

X. Soy brujer, bailo con los ciclos, soy la maestra de la perspectiva.

XI. Mi magia se expande y con ella aprendo a cambiar cosas que no puedo aceptar.

XII. El proceso es incómodo, incluso doloroso, pero aguanto, porque al otro lado me esperan la transformación, la libertad y la templanza.

XIII. La vida tiene muchas muertes y cada una de ellas es una transformación.

XIV. Me doy permiso para descansar y encontrar el equilibrio.

Tercera parte

XV. La vergüenza no me controla y entiendo hasta qué punto mi magia es profunda y poderosa.

XVI. El caos es doloroso, pero si lo dejo, puede ser regenerador.

XVII. Después de cada caos, descanso y retorno a mí misma.

XVIII. Navego en mi sombra y en ella encuentro tesoros y activo mi magia.

XIX. Me muestro al mundo, usando mi voz y celebrando quién soy.

XX. El perdón es mi renacimiento. El renacer es encontrarme a mí misma.

XXI. Cada final es una victoria, y una vuelta a empezar.

Continúa el Manifiesto, escribe aquí tus frases:

_____

_____

_____

_____

_____

_____

_____

_____

_____

Conceptos brujeriles a destacar

En *Brujeres* deseo conciliar conceptos que pueden ser extremadamente abstractos y esotéricos con experiencias que todas entendemos o hemos vivido. Para ello necesito utilizar un léxico concreto que defina con conocimiento y precisión ideas que me serían muy difíciles de explicar de otra manera. Pero, como todo en la vida, las palabras pueden tener más de una lectura, y por ello he creado aquí una lista con algunos términos y conceptos a los que hago referencia en el libro y que me gustaría esclarecer. Describir algunos de estos de una forma sencilla y resumida ha sido muy difícil, en ocasiones no le hago justicia a la gran riqueza cultural e historiográfica que poseen. Si bien no tienes por qué estar de acuerdo con las definiciones que yo he elegido, este apartado puede ayudarte a entender mejor por qué he utilizado ciertas palabras en determinados contextos o temas.

CONCEPTO	DESCRIPCIÓN
Alquimia	Junto con la astrología, la alquimia, de origen egipcio y griego que se desarrolló posteriormente en Europa, es considerada una de las artes herméticas (a las que a veces también se incluye el Tarot). El estudio de la alquimia incluye misticismo, magia, ciencia y diversas tradiciones religiosas. A partir de la Edad Media, el conocimiento de la alquimia

CONCEPTO	DESCRIPCIÓN
	en Europa se estudió y compartió utilizando símbolos y escritos profundamente crípticos, para mantenerlo entre los iniciados y también para evitar la persecución de la Iglesia. Esto llevó a interpretar ciertos procesos de este arte de forma literal cuando, en realidad, muchos eran completamente no figurativos y simbólicos. Un ejemplo de ello es el mito que tanto ha calado en nuestra cultura popular, el de la piedra filosofal, un objeto alquímico de grandes poderes con el cual se podía, literalmente, convertir algunos metales pobres en oro o crear el elixir de la inmortalidad. Esto llevó a que muchos charlatanes y estafadores se hicieran pasar por alquimistas. Si bien es cierto que había muchos alquimistas —por ejemplo, Isaac Newton, que estudiaba disciplinas científicas, como la astronomía—, la alquimia a la que me refiero en el libro es la espiritual: una práctica esotérica que busca la transformación del individuo a través de equilibrar y transmutar aspectos mentales, emocionales y energéticos, y tiene puntos en común con otras tradiciones espirituales, como el Tao chino o el budismo tántrico. La alquimia ha influenciado a muchos pensadores de los siglos XIX y XX, como Carl Gustav Jung, cuyas teorías han impactado profundamente en mi forma de entender el desarrollo personal y espiritual del individuo. Después de estudiar tradiciones, como el hinduismo, el budismo o el taoísmo, entrar en contacto con el mundo de la alquimia europea —en la cual me inicié a través del estudio del Tarot— facilitó muchas de las grandes transformaciones que comparto en este libro. También me ayudó a entender mejor el desarrollo, mayoritariamente proscrito, de corrientes espirituales en Europa sin tener que acudir siempre a tradiciones que no me son nativas.
Arquetipos	Palabra que proviene de dos términos griegos: «*arjé*» («origen», «principio» o «fuente», y «*tipos*» («modelo» o «impresión»). Por tanto, un arquetipo es un ejemplo o modelo principal de una idea. Aunque desde la antigüedad fue usada por multitud de pensadores de diferentes campos, la palabra fue reclamada en la modernidad por Carl Gustav Jung para describir personajes de ficción, historias, imágenes, símbolos y cualquier elemento que define conceptos universales provenientes de lo que él llamaba «el inconsciente colectivo». Este representa la capa más profunda de nuestra psique. Se encuentra dentro del inconsciente y se compone, según Jung, de arquetipos e instintos compartidos por todas las personas.

CONCEPTO	DESCRIPCIÓN
	Por ejemplo, las cartas del Tarot encapsulan grandes arquetipos que nos ayudan a conectar diferentes fases vitales por las que todos los seres humanos pasamos. Existen multitud de interpretaciones distintas para cada carta del Tarot, y, por supuesto, todas pueden ser correctas. La forma en la que yo defino estos arquetipos está basada en mis estudios y experiencias, y, fundamentalmente, aplicada a lo que entiendo como el camino de la brujer.
Chamanismo	Aunque esta palabra está muy extendida y usada, su origen lo encontramos en las regiones siberianas y euroasiáticas en el grupo lingüístico uraloaltaico. La palabra chamán proviene del manchu-tungus «*šaman*», que se puede traducir como «él/la que sabe». Entró en Europa a través del ruso y el alemán y pasó a ser utilizado para denominar a personas de multitud de culturas alrededor del mundo que podían conectar con el mundo espiritual, curar enfermedades, entender los ciclos naturales y practicar la adivinación. Esto se puede relacionar con las tradiciones espirituales y religiosas animistas, en las que se cree que toda manifestación del mundo natural posee un espíritu. Hoy en día este término se usa indiscriminadamente, así que volver a su origen nos ayuda a que la palabra y su rica historia no se diluyan en pro de egos y materialismo espiritual.
Complejo de salvador/a blanco/a	Término usado para describir a individuos occidentales de raza blanca que piensan que su misión es «salvar» o ayudar a personas de otras razas, minorías o naciones, normalmente sin un entendimiento real de las necesidades, contexto o historia de esas personas.
Energía	En el libro utilizo el concepto «energías» en muchas ocasiones, y creo que es preciso aclarar que lo hago refiriéndome a la espiritualidad. Estas energías no son las mismas que las que se estudian en diferentes campos científicos tales como la energía eléctrica, térmica, electromagnética, química o nuclear. Hay muchas especulaciones sobre cómo las energías descritas durante siglos por corrientes espirituales pueden ser, y serán, explicadas por la ciencia. Existen multitud de perspectivas interesantes sobre el tema, pero en *brujeres* he preferido evitar explicar o rebatir teorías. Por tanto, las energías de las que hablo, de momento, no se pueden mesurar y se basan en prácticas y conocimientos intuitivos.
Esotérico	El vocablo proviene del griego y normalmente se entiende como un conocimiento oculto, solo disponible para ciertas personas que lo estudian o que han sido iniciadas.

CONCEPTO	DESCRIPCIÓN
Espiritual	Todo lo relacionado con el espíritu y el alma propia de la naturaleza. Por «espíritu» entiendo aquello inmaterial a lo que se le puede atribuir un tipo de inteligencia. Vivir de forma espiritual quiere decir creer y conectar con lo que va más allá de lo material y podemos percibir a través de los sentidos, la lógica o muchos de los conocimientos científicos contemporáneos. Muchas personas espirituales pertenecen a una tradición religiosa —organizada, con escrituras consideradas sagradas y una jerarquía— o espiritual —normalmente menos organizada y dogmática—. Pero también podemos gozar de una vida espiritual a través de creencias personales y trabajo intuitivo.
Harpía	La harpía se percibe a menudo como un insulto de cuento de hadas. Pero en la mitología griega eran unos seres malevolentes mitad pájaro, mitad mujer, que simbolizaban los vientos tempestuosos. Aunque en un principio eran descritas como bellas mujeres aladas, con el tiempo pasaron a ser seres monstruosos. A menudo representadas con el arquetipo de la vieja bruja, es la fase o estado que más ignorábamos en la sociedad actual, sobre todo la occidental. En esta fase llegamos a una aceptación total de nuestro ser y a una integración de nuestra sabiduría, y nos convertimos en guías.
Hermetismo	El hermetismo es una tradición filosófica y religiosa. El nombre proviene de unos textos atribuidos a Hermes Trismegisto, pseudónimo del dios griego Hermes —equivalente a Mercurio en la tradición romana y Tot en la egipcia —, dios, entre otras cosas, del comercio, de la tecnología y el mensajero de los dioses. Trismegisto quiere decir «tres veces grande» en griego, y con este pseudónimo se firmó la famosa *Tabla Esmeralda*, texto críptico en el que se basa gran parte del hermetismo y donde primero tenemos constancia de la frase «Como es arriba, es abajo; como es adentro, es afuera», que tanto ha influenciado no solo en la alquimia y otras corrientes esotéricas, y el pensamiento sobre la brujería y la espiritualidad presente en *brujeres*.
Mantra	«Mantra» proviene del sánscrito y se puede traducir literalmente como «instrumento mental». La palabra se ha convertido en sinónimo de frase, palabra o sonido sagrado. El mantra despierta la energía relacionada con su significado; por ejemplo, el monosílabo «Om» de la tradición hindú encapsula el sonido del universo y cuando lo recitamos nos sincronizamos con la energía divina del cosmos.

CONCEPTO	DESCRIPCIÓN
	Por tanto, muchas personas creen que los mantras son poderosamente numinosos y el mero hecho de recitarlos es un acto transformativo y místico. De una forma más coloquial, el mantra ha pasado a ser parte de nuestro vocabulario y se refiere generalmente a palabras que nos ayudan a despertar un sentimiento positivo, es decir, frases motivacionales. Aunque intento evitar el uso de palabras que provienen de otras tradiciones, mantra es tan parte de nuestra cultura y tan fácilmente identificable que he decidido usarla en este libro.
Materialismo espiritual	Concepto primero acuñado por el monje budista y maestro de meditación Chögyam Trungpa, en sus charlas y posterior libro *Más allá del materialismo espiritual*. Hoy en día se usa para describir actitudes en las que, bajo una pátina de espiritualidad, cierta gente puede esconder intenciones movidas por el egocentrismo. En *brujeres* también hago uso de esta expresión para describir cómo diversas tradiciones espirituales han sido absorbidas y regurgitadas por el capitalismo, a menudo en formatos que hacen que pierdan su riqueza, significado e intención original. En este fenómeno se ven involucrados tanto los que mercantilizan estas tradiciones como los que las consumen; algo de lo que hemos formado parte, sin darnos cuenta, muchísimas personas, yo incluida.
Numinoso	Algo o alguien que posee una fuerte presencia de lo divino, una manifestación de lo espiritual. El término procede de la palabra latina «*numen*», que se puede traducir como «divinidad». Lo numinoso, tal y como lo utilizo en este libro, hace referencia a esa experiencia que sucede cuando lo espiritual y lo divino se nos manifiesta en las pequeñas cosas de la vida.
Smith-Waite	El sistema de Tarot en el que me baso para este libro es el Smith-Waite, que durante mucho tiempo se conoció como el Rider-Waite. Fue diseñado por la artista Pamela Colman Smith siguiendo las indicaciones del místico A. E. Waite, y publicado por la compañía Rider. Durante años el nombre de la diseñadora no fue incluido en la que probablemente es la baraja más famosa y copiada de la historia. Como tributo a la artista, muchas tarotistas y entendidas han comenzado a usar su nombre cuando hablan de la baraja. En 2010 se publicó una edición especial en honor al centenario de la primera publicación, bajo el nombre Smith-Waite y usando los diseños originales de la Colman.

CONCEPTO	DESCRIPCIÓN
Sincronicidad	Concepto desarrollado por Jung para describir coincidencias u ocurrencias de eventos a los que, aunque aparentemente no están relacionados por una causa explicable, les damos un sentido que los conecta. Un ejemplo de sincronicidad típico es cuando, por ejemplo, piensas en alguien y esta persona te llama al poco rato. La sincronicidad está, a mi parecer, fuertemente ligada a la intuición.
Transmutación	Esta palabra se utiliza para explicar diferentes procesos científicos en los que se produce un cambio de un estado o material por otro. También podría definir el proceso alquímico en el que se transforma un metal pobre en oro. En el mundo espiritual transmutar se refiere a la transformación, sobre todo interna, de sentimientos, pensamientos o energías por otras distintas, normalmente más positivas o sanas.

Confesiones y agradecimientos

En el transcurso de este libro, a menudo me he sentido como una tejedora de historias, recuerdos, ideas y sugerencias. Y, créeme, no ha sido nada fácil. Cada uno de estos capítulos me ha puesto a prueba. Todo lo que creía que sabía lo he tenido que cuestionar y reaprender. En el momento que empecé a escribir *Brujeres* pareció como si al universo le divirtiera lanzarme lecciones relacionadas con todos los temas de los que quería escribir.

He escrito este libro desde un punto de vista muy personal, que sale de mi corazón, mi mente y mis entrañas. Por eso, a la primera persona a la que quiero dedicar este libro es a ti. Gracias por ser parte de *Brujeres* y darle vida más allá de la mía.

También se lo dedico a mi hijo Dídac. Su nacimiento marcó el inicio de una aventura que me llevó a escribir, mejorar como persona y, en definitiva, desarrollar el concepto de «brujer». Los dos hemos crecido juntos y él es la principal persona, aparte de mí, por la que intento mejorar y aprender cada día. La maternidad no te convierte instantáneamente en mejor persona o te hace más feliz, pero, en mi caso y por mis circunstancias, fue un umbral a una vida más llena de amor incondicional, aprendizaje y magia. En el momento en el que escribo estas palabras Dídac tiene ocho años y es incapaz de entender lo que su presencia en mi vida ha significado para mi desarrollo. Por eso me llena de satisfacción poder dejarle ese legado. Porque constantemente agradezco la suerte de ser madre de un ser tan bonito, sabio, mágico, imaginativo y lleno de amor. Y cada día intento ser merecedora de tal honor.

Es curioso cómo un libro dedicado a las mujeres y a lo femenino ha surgido, en gran parte, de un proceso de sanación y acercamiento a los hombres de mi vida. Quiero agradecer a mi padre todo su apoyo, por ayudarme cuando más lo necesitaba y enseñarme que la gente, no importa lo tarde que sea, puede cambiar despertando su verdadero yo, rescatando así relaciones que parecían estar destinadas a perecer en el reino de lo cortés y distante. Mientras escribía este libro, en mi padre he encontrado a un amigo y un alma mucho más afín de lo que jamás habría esperado. Gracias, papa.

A Tony, el amor que solo entró en mi vida después de años de aprendizaje y justo el día —sí, ¡el día exacto!— que entendí que no necesitaba el amor de un compañero y, aun así, me lo merecía. Su amor y respeto han resultado ser mucho más profundos y generosos de lo que jamás podría haber imaginado. Esto dicho por una mujer tan herida que pasó años pensando que los hombres jamás podrían amar con la misma fuerza y calidad que una mujer. Tony me ha demostrado que no es así. El orgullo que siente por mí y el apoyo que me da son un reflejo y un recordatorio del trabajo de autoestima que he hecho durante años. Gracias por el respeto que has mostrado por mi camino —aun cuando no lo entendías del todo—, por tu inteligencia, por escucharme siempre, por nuestras conversaciones en mañanas interminables en la cama, por tu gran corazón que siempre acepta lo más oscuro en todos nosotros. La capacidad que tienes de encontrar belleza en todo el mundo es una fuente constante de inspiración para mí. También quiero agradecerle a Jonathan, mi querido amigo, y todas nuestras conversaciones sobre lo metafísico.

Detrás de una gran brujer no hay un gran hombre, solo un montón de experiencias y recuerdos. Eso sí, a su lado hay una jauría de mujeres. Quiero enviar un sincero y grandísimo agradecimiento a esas brujeres que no conozco personalmente, pero a las que debo grandes dosis de inspiración para mi vida y para este libro. La doctora Brené Brown y Elizabeth Gilbert, por su genialidad, su trabajo y la forma en la que comparten sus experiencias. Cheryl Strayed, una maestra del arte de la autobiografía. Releer su obra me ha servido para reencontrarme cada vez que creía perder mi voz. Glenon Doyle, por su libro *Untamed (Indómita)*. Lacy Phillips, por haber creado un proceso tan curador como revolucionario. Y a la gran maestra, doctora Clarissa Pinkola-Estés, por plantar las semillas que, bien regadas, desencadenaron muchas de las grandes transformaciones de las que hablo en este libro.

Gracias, sobre todo, a las brujeres de mi vida. A mi madre, por ser quien es, por creer en mí y aceptarme hasta en los momentos en que más dolor le causaba a ella. Por elevarme y siempre estar conmigo en los puntos claves de mi vida. Gracias, mama. A mi hermana Meritxell, por aquella frase que me salvó, por su sentido del humor y por traer al mundo una magia tan única. Por ser la mejor compañera en un viaje que solo entendemos las dos.

A mis niñas, las grandes brujeres Carol, Meri, Alba y Caty. Conoceros cambió el rumbo de mi vida para siempre. A Carol, porque sin ti yo no sería yo. A Berta, por sus años de amistad y apoyo. A Yvette, mi compañera del alma, una de las amistades más sanas, profundas e inspiradoras que he tenido. Presenciar tu «retorno a ti misma» ha sido uno de los honores más grandes de mi vida y tu trabajo para cambiar el mundo me inspira cada día. Nuestras mil conversaciones no solo me ayudaron a sobrevivir, también fueron uno de los catalizadores de este libro.

A mi familia en Bristol. A todos los que les ha tocado vivir de cerca la creación de este libro. A Olga, mi hermana adoptiva, por su apoyo constante, su criterio y su honestidad, por explorar conmigo cada uno de mis caos, por ser una gran guía y una maestra de la intuición. A Victoria, por estos últimos años de maravillosa amistad; por ser un ejemplo de lo que es ser brujer natural y sin tonterías, por tu corazón generoso, tu apoyo y las mil y una cosas que has hecho por mí en los últimos años. No solo has hecho mi vida más fácil y contribuido a que este libro se pudiera escribir, también la has llenado de alegría y cosas buenas. A Arantxa y a Pedro por toda su ayuda durante el trayecto final del libro. A Lily, por su creatividad y sus nuevas perspectivas, por las noches explorando la ciudad y bailando para purgarlo todo. A Mette por una amistad que empezó en China y que aún perdura y crece. A Nic por darme el respiro de quien encuentra un alma afín, por las risas y los llantos juntas, siempre acompasadas. A Gwen (*Auntie Gwen Gwen* para mi hijo) por ser siempre mi punto de referencia para tantos temas, gran amiga y consejera. A Holly por ser mi compañera de tantos viajes, literales y metafóricos, por escucharme cuando más lo necesitaba y ser una parte clave de mi transformación profesional. A Sally, por tus enseñanzas y por estar en el sitio adecuado en el momento adecuado. A Becky y su hospitalidad y esas cenas mágicas e interminables. Y a todas por aceptarme, quererme y escucharme, por creer en mí y darme espacio para ser yo y crecer. (También para espabilarme cuando me hacía falta.)

También quiero mencionar a los locos bajitos y a las brujeres de la futura generación que tanto me inspiran: Elena, con su eterna sabiduría, bondad y dulzura. Meryem, el alma gemela de mi hijo y una futura gran líder de lo que ella elija. Daniela, con su hermosa y profunda alma vieja. Belle, con su inmenso sentido artístico. Micah el maravilloso y gracioso súper *twitcher*. Chester, con su gran bondad e imaginación. Ben, artístico y poderoso. Neve, un hada en forma humana y Rohan, por su gran sentido del humor, gran conocimiento y fortaleza.

A la Lapa de mis ancestros y a sus gentes. A mi tía abuela Artura, por esa fortaleza e independencia tan únicas.

Gracias a Daniela Efe, por su maravillosa ilustración de portada, que tan bien ha sabido encapsular la esencia de este libro.

A mi editora Carol París y a todo el equipo de Roca Editorial, por creer en mi visión y en mis ideas, por darme la oportunidad de compartir mi alma y haber sido parte del proceso de este libro desde sus inicios en aquel restaurante del Born. Por sus correcciones, su paciencia y por ayudar a dar forma a este pequeño universo contenido en un libro. Gracias.

Bibliografía

Austen, J., *Sentido y sensibilidad*. (2003) Barcelona, Debolsillo.

Brown, B., *Desafiando la tierra salvaje. La verdadera pertenencia y el valor para ser uno mismo*. (2019) Barcelona, Vergara.

Brown, B., *El poder de ser vulnerable*. (2016) Madrid, Ediciones Urano.

De la Cruz, San Juan, *La noche oscura del alma*. (2017) Madrid, Ivory Falls Books

Dispenza, J., *Sobrenatural, Gente corriente haciendo cosas extraordinarias*. (2018) Madrid, Ediciones Urano.

Doyle, G., *Untamed*. (2020) Nueva York, The Dial Press.

Edward-Waite, A., *La clave ilustrada del Tarot*. (2018) Madrid, Edaf.

Eliot, T. S., *Cuatro Cuartetos*. (2016) Barcelona, Lumen.

Evans, M. A. (George Eliot), *Middlemarch*. (2013) Barcelona, Alba Editorial.

Federici, S., *Calibán y la bruja: mujeres, cuerpo y acumulación originaria*. (2010) Buenos Aires, Tinta Limón.

Federici, S., *Witches, Witch-Hunting and Women*. (2018) Oakland, PM Press.

Gilbert, L., *Come, reza, ama*. (2010) Madrid, Aguilar.

Gilbert, L., *Libera tu magia: Una vida creativa más allá del miedo*. (2019) Madrid, Aguilar.

Hertstik, G., *Cómo ser una bruja moderna*. (2018) Barcelona, Roca Editorial.

Jordan, J., *Directed by Desire: The Collected Poems of June Jordan*. (2007) Washington, Copper Crayon Press

Jung, C.G., *Obras completas. Vol 12: Psicología y alquimia*. (2016) Madrid, Trotta Ediciones.

Jung, C.G. *Psicología simbólica del arquetipo*. (2011) Barcelona, Paidós.

Murakami, H., *Sauce ciego, mujer dormida*. (2020) Barcelona, Tusquets.

Nin, A., *D.H. Lawrence: An Unprofessional study*. (2012) Londres, Blue Sky Press at Smashworks, Anaïs Nin Trust.

Noble, V., *Motherpeace. A way ot the Goddess through Myth, Art, and Tarot*. (2013) Londres, Harper Collins.

Orloff, J. M. D., *Intuitive Healing, Five Steps to Physical, Emotional and Sexual Wellness*. (2000) Nueva York, Random House.

Osho, *Meditación, La primera y última libertad*. (2013) Barcelona, Grijalbo.

Pinkola-Estés, C., *Mujeres que corren con los lobos*. (2020) Barcelona, Ediciones B.

Plath, S., *Diarios Completos*. (2016) Barcelona, Alba Editorial.

Pullman, P., *La brújula dorada*. Serie La Materia Oscura 1. (2017) Barcelona, Roca Editorial.

Pullman, P., *La daga*. Serie La Materia Oscura 2. (2017) Barcelona, Roca Editorial.

Pullman, P., *El catalejo lacado*. Serie La Materia Oscura 3. (2017) Barcelona, Roca Editorial.

Santa Biblia Reina-Valera 1960. (2013) Madrid, Sociedad Bíblica.

Steinberg, A., *Worth it. Your Life, Your Money, Your Terms.* (2017) Nueva York, Gallery Books.

Strayed, C., *Pequeñas cosas bellas.* (2012) Barcelona, Roca Editorial.

Strayed, C., *Salvaje.* (2013) Barcelona, Roca Editorial.

Taylor, S. R., *El cuerpo no es una disculpa.* (2019) Barcelona, Melusina.

Tolle, E., *El Poder del Ahora.* (2007) Madrid, Gaia Ediciones.

Trungpa, C., *Más allá del materialismo espiritual.* (2000) Buenos Aires, Troquel.

Welteroth, E., *More than Enough.* (2019) Londres, Penguin.

Woolf, V., *Una habitación propia.* (2018) Madrid, Alianza Editorial.

© Anthony Samuels

Barcelonesa de origen, CELIA DOMÍNGUEZ vive en Bristol
con su hijo desde hace más de una década. Escritora, *coach*,
yogui, historiadora del arte y profesora de Tarot, empezó
leyendo las cartas como parte de una investigación para
una novela y, para su sorpresa, ese proceso cambió su vida.
Esto la llevó a fundar la plataforma The Sugar Tarot
en 2017, ahora brujeres.net. Celia representa una nueva
oleada de brujeres que combinan experiencia personal
y espiritualidad de una forma moderna y accesible a todos.

www.brujeres.net

Instagram: @Brujeresnet

Pinterest: @Brujeresnet

Este libro utiliza el tipo Aldus, que toma su nombre
del vanguardista impresor del Renacimiento
italiano, Aldus Manutius. Hermann Zapf
diseñó el tipo Aldus para la imprenta
Stempel en 1954, como una réplica
más ligera y elegante del
popular tipo
Palatino

Brujeres se acabó de imprimir
un día de primavera de 2021,
en los talleres gráficos de Egedsa
Roís de Corella 12-16, nave 1
Sabadell (Barcelona)